T0047834

GIN

Mezclar, agitar, remover

La edición original de esta obra ha sido publicada en el Reino Unido
en 2016 por Hardie Grant Books, con el título

Gin: Shake, Muddle, Stir

Traducción del inglés
Gemma Fors

Impreso en China
Depósito legal: B 2.383-2018
Código IBIC: WBXD3

ISBN 978-84-16407-45-3

GIN

Mezclar, agitar, remover

por Dan Jones

ILUSTRACIONES DE DANIEL SERVANSKY

cincotintas

CONTENIDOS

Bienvenido a
GIN

Mezclar, agitar, remover

«*Todos estamos en la cloaca, pero algunos miramos hacia las estrellas.*»
Oscar Wilde, *El abanico de Lady Windermere*, Acto Tercero

¿Hay algo que describa mejor la dulce embriaguez del licor más delicado del mundo que la cita de Oscar Wilde? El cosquilleo cítrico, la intensidad de las enebrinas y el íntimo masaje del potente alcohol perfectamente refinado nos deja a muchos sumidos en la cloaca: la ginebra nos anima, nos abate y, en ocasiones, nos hace enviar selfis inapropiados a todos nuestros contactos. Tal vez Wilde no se refiriese a la ginebra cuando se le ocurrió aquella legendaria frase (él era más bien de absenta), pero su conocimiento del alcohol y sus efectos resulta innegable. Desde su oscuro nacimiento en las callejuelas de Londres hasta su actual encarnación de licor más en auge del momento en todo el mundo, el pasado escabroso y el futuro color de rosa de la ginebra son tan deliciosos como un gin-tonic recién preparado.

Tiene en las manos *Gin: Mezclar, agitar, remover*, el libro que le enseñará a mezclar, agitar, remover y –sobre todo– tomar ginebra. Una lista completa de recetas, infusiones y siropes para elaborar en casa, con herramientas básicas e impresionantes, copas, refrescos maravillosos, bíteres excitantes y las mejores ginebras del mundo, desde las clásicas británicas y escocesas hasta las grandes marcas internacionales y novedades alternativas procedentes del Reino Unido, Australia y Estados Unidos.

Vamos a tomar ginebra.

Dan Jones

EL VICIO DE LA CAPITAL BRITÁNICA

Un aplauso para la ginebra, ese licor transparente, aromático y delicioso, notable por su singular sabor a enebrinas y su curiosa relación con Londres, la ciudad más grande del mundo (cosa indiscutible si se llevan unas copas de más). No hace tanto tiempo, la ginebra era el vicio de la capital británica, la bebida ociosa engullida por haraganes, vendedores ambulantes y merodeadores entre carcajadas y dientes de madera, por poetas picados de viruelas y buscavidas londinenses en general. En la Inglaterra georgiana, la ginebra poseía una reputación más bien tosca, alejada de su refinada encarnación contemporánea. La ginebra no era el licor caduco de las abuelas que se consideraba en la década de los años 60 y 70 del siglo pasado: era el caldo endemoniado del bajo mundo.

Una maravillosa revolución gubernamental a finales de la década de 1600 a manos del empelucado holandés Guillermo de Orange acabó con las leyes reguladoras y permitió que la magia de la destilación fuera accesible para todos, desde productores profesionales hasta aficionados domésticos. Esta relajación de las normas permitió a los londinenses hacer aquello que mejor hacen: emborracharse hasta la saciedad. Los personajes de poca monta quedaron seducidos por el licor holandés Genever, una bebida de importación con sabor a hierbas que tomaban las clases altas. Como la original quedaba fuera del alcance de sus bolsillos, decidieron hacérsela ellos mismos y la ginebra seca pasó a ser tan común como el agua, por no decir más. Con unos utensilios básicos de destilación, la ginebra se elaboraba en casa y se vendía en tabernas mugrientas y abrevaderos sórdidos de toda la ciudad, así como en el infame bar de Mother Clap, el Molly House, el local más escabroso de Londres. La ginebra puso brillo en la mirada de los londinenses, animó sus pasos y sumió a la ciudad en una crisis de consumo alcohólico desmesurado.

La obsesión por esta bebida en la ciudad no disminuyó ni cuando la ginebra ganó calidad y su precio empezó a subir. En la década de 1800, iluminaban las calles las radiantes ginebrerías: locales que brillaban con lámparas de gas cuyos enormes ventanales y fachadas decoradas contrastaban con la inmundicia de la calle. En su interior, los londinenses tragaban vasos de ginebra –lo que se daba en llamar algo así como «fogonazos»–, y los fabricantes de ginebra experimentaron con nuevos sabores y mezclas. La ginebra daba un empujoncito a los trabajadores de camino a casa y las ginebrerías eran los locales glamurosos donde se tomaba.

Los combinados pronto evolucionaron y se convirtieron en cócteles elegantes y ocurrentes. Los británicos que regresaban de las colonias aportaron ingredientes exóticos (el amargor de la quinina, que se utilizaba contra la malaria, se mezclaba con ginebra y azúcar en un combinado precursor del gin-tonic) y el Gimlet, un cóctel de ginebra con zumo de lima, se decía que protegía del escorbuto: la reputación de la ginebra ganaba posiciones. A mediados de la década de 1800, el exclusivo local Garrick Club ofrecía un excelente ponche a base de ginebra, y los cócteles sustituían la aburrida formalidad de las cenas eduardianas. Llegados a la década de 1930,

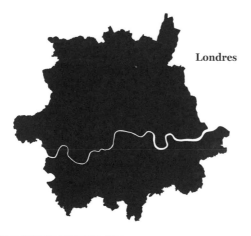

Londres

los miembros de la clase ociosa inglesa, como Stephen Tennant, tomaban combinados de ginebra (entre esnifadas de cocaína, sin duda).

La afición de la joven Reina Madre de Inglaterra por la ginebra también ha marcado este licor como bebida real oficiosa, si bien en la década de 1960 la reputación de la ginebra declinó. A pesar de sus toscos inicios, ahora se relacionaba con las clases altas y adquirió connotaciones coloniales incómodas. La calidad también disminuyó y el destilado pareció sucumbir.

En los últimos años, las marcas artesanales emergentes han reanimado la existencia de la ginebra y han recuperado su historia de experimentación mediante maquinaria moderna y extractos naturales aromáticos. El Reino Unido –líder en producción de ginebra– exporta una enorme cantidad del licor a los nuevos mercados que se han obsesionado con las versiones artesanas y los combinados elaborados con esmero. La ginebra está en auge incluso en los lugares más inesperados: en Colombia es una locura. El producto londinense de exportación más famoso (después de las Spice Girls, evidentemente) ha recorrido un largo camino desde las callejuelas de sus misérrimos suburbios, pero sigue conservando la chispa del fogonazo.

LA CIENCIA DE LA GINEBRA

La ginebra puede elaborarse a partir de cualquier aguardiente «neutro»: alcohol de cereales, cebada, maíz o incluso melaza; cualquier cosa. Lo que la convierte en la bebida nacida en los viejos callejones de Londres es la avispada combinación de extractos naturales –desde cilantro, angélica y piel de naranja hasta piel de limón, cardamomo, canela, cubeba y nuez moscada– con una base de enebrinas. Los productores suelen mantener en secreto su lista de

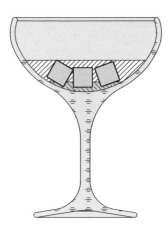

ingredientes, pero todas las ginebras incluyen enebrinas. Y... ya está. Sencillo, ¿verdad? Este tipo de bebida espiritosa se conoce como ginebra compuesta (Compound Gin) y no se considera tan elevada como la elaborada con otros métodos, aunque se obtienen con este bebidas extraordinarias.

La ginebra londinense (London Gin), también conocida como ginebra seca londinense (London Dry Gin), es la que la mayoría empleamos para preparar gin-tonics. El nombre está definido legalmente y debe contener un 70 por ciento de

graduación alcohólica (alcohol por volumen) sin ingredientes adicionales, ni aromatizantes ni colorantes, solo una pequeña cantidad de azúcar, por lo que resulta muy seca. El aguardiente base se diluye con agua pura y luego se añaden ingredientes botánicos (combinado todo junto, mediante curiosas bolsitas, o dispuestos en una bandeja sobre el líquido) y se vierte todo en un alambique de cobre. Entonces se calienta para que se liberen los aceites esenciales y botánicos. El líquido se evapora y se destila de nuevo para capturar los sabores. La ginebra puede destilarse de dos maneras: en columna o en alambique. Las más populares son las destiladas en alambiques, los sugerentes recipientes curvilíneos a los que se bautiza con nombres femeninos, más venerados cuanto más antiguos son. La ginebra destilada (Distilled Gin) sigue el mismo método que la londinense, solo que pueden añadirse los aromatizantes después de la destilación, a menudo mediante bolsitas, para aportar un sabor más suave.

Las mejores ginebras y tónicas del mundo

PROBADAS Y COMPROBADAS, MEZCLADAS Y SORBIDAS, DERRAMADAS Y FREGADAS: ESTAS SON LAS MEJORES DEL MUNDO, ENTRE MARCAS FAMOSAS Y ALTERNATIVAS

LAS MEJORES GINEBRAS DEL MUNDO

PARA GOLFOS VICTORIANOS

HAYMAN'S 1850 RESERVA

La familia Hayman lleva desde 1863 en la industria británica de la ginebra. Christopher Hayman es un verdadero experto y esta pequeña marca cuenta con la fuerza del amor por esta bebida, un catálogo de recetas secretas y con James y Miranda, los hijos de Chris. La Hayman Reserva se remonta al sabor de las antiguas ginebrerías recuperando el estilo de esta bebida en 1850. Sutil y delicada, la receta clásica de Hayman envejece en madera para obtener un sabor suave y moderado con notas de enebrina y cilantro, un poco de pimienta y un toque de especias.

PARA ERMITAÑOS ESCOCESES

CAORUNN

La Escocia más profunda y oscura y la destilería Balmenach de Speyside se dan la mano en esta ginebra con infusión de serbas llamada Caorunn. Los sabores afrutados y vigorosos y un paladar fresco y seco hacen de esta pequeña producción una delicia. Notas perfectamente equilibradas de brezo, manzana y diente de león convierten la Caorunn en una experiencia herbaria singular lo bastante sutil como para tomarla sola o combinada con una tónica neutra.

PARA AMANTES DEL LIMÓN

TANQUERAY No. TEN

Aunque Tanqueray es una gran marca insignia, que exporta ingentes cantidades, sigue creando pequeños lotes destilados en su legendario alambique número 10. No es imprescindible contar con equipos vetustos para crear una ginebra deliciosa, pero sí muy importante a la hora de conservar el arte de su elaboración, y el proceso de destilación en alambiques antiguos significa que solo se producen pequeños lotes. Tanqueray No. Ten es una ginebra londinense seca clásica, increíblemente aromática y floral y con abundantes notas cítricas. Buen trabajo, Tanqueray.

PARA LA HORA DEL BAÑO

BATHTUB GIN

En la época de la ley seca, los amantes de la ginebra americanos preparaban bebidas ilegales en la bañera –lo bastante fuertes como para dañar el esmalte– y las tomaban hasta que se les vidriaban los ojos. Inspirada en este método entrañable y obsesivo, la Bathtub Gin americana se elabora en pequeñas cantidades mediante alambiques de cobre, y sabe a enebrina y naranja, cilantro, cardamomo, clavo y canela. Ganadora del premio a la Mejor Ginebra Compuesta en los World Gin Awards de 2015, el profesor Cornelius Ampleforth puede sentirse orgulloso. Resulta sorprendentemente aromática, fuerte y limpia con sabores sutiles y equilibrados, sensación cremosa, alejada de los toscos destilados en la bañera de los inicios.

PARA LOS MÁS SOBRIOS

BEEFEATER 24

¿Té con una gota de ginebra? Tal vez suene a lo último para animar la tarde con un trozo de bizcocho, pero se podría decir que es la inspiración de esta aromática ginebra. Creada en el corazón de Londres, la conocida marca tardó 18 meses en perfeccionar una receta que incluye té verde japonés y chino. Sus complejos ingredientes botánicos –desde pieles de naranja sevillana, pomelo y limón, hasta enebrinas, semilla de cilantro, regaliz, raíz de angélica, almendra y raíz de iris– se dejan en infusión 24 horas, de ahí su nombre. Extremadamente aromática con un suave final.

PARA EXPERTOS EN PEPINO

HENDRICK'S

La superestrella de las ginebras contemporáneas con base de pepino, de lotes reducidísimos y grandes pretensiones, destilada en alambique a base de una mezcla de bayas escocesas. Una producción pequeña de ginebra suele referirse a lotes de unos 1.000 litros: Hendrick's produce la mitad –lotes de 500 litros– con dos alambiques tradicionales, lo que significa que los degustadores de esta marca controlan mejor el paladar de cada lote. De intenso sabor a pepino, se combina con su compañera gustativa ideal: la rosa (la Rosa Damascena de Bulgaria, para ser exactos).

PARA LOS MÁS FRESCOS

MARTIN MILLER

Esta ginebra superfresca es un trabajo hecho con amor. Su singular receta de ingredientes botánicos, un alambique tradicional de amables curvas llamado Ángela y un obstinado proceso de elaboración dual (donde los ingredientes botánicos se destilan separados de las notas cítricas) aportan a la Miller una increíble profundidad de sabor que permite que cada elemento brille con luz propia. Miller añade enebrinas toscanas, corteza de canela china, angélica, iris florentino, cilantro, piel de cítricos sevillanos, nuez moscada, canela de Ceilán y raíz de regaliz a la mezcla junto con agua de manantial islandesa. Genuinamente, una de las mejores del mundo. Salud, Martin.

ALEMANA, ALEMANA

MONKEY 47

Esta ginebra galardonada procedente de la legendaria Selva Negra lo tiene todo, es intensa, deslumbradora y de profunda robustez, con un 47 por ciento de graduación. Monkey 47 es compleja y añeja, con un acabado afrutado, especiado, picante y herbal, y un toque a frambuesa para equilibrar; se inspira en la ginebra clásica británica, con influencias indias y los bosques de cuento de hadas de la Selva Negra. Contiene 47 ingredientes, pero se trata de un licor perfectamente equilibrado que emplea agua de manantiales del lugar para darle frescor.

PARA LOS QUE NO SON DE GINEBRA

BLOOM

Bloom es una ginebra disfrazada. Floral sin complejos –con madreselva, pomelo chino (un cítrico parecido al pomelo, sutilmente dulce) y manzanilla–, contiene pocas enebrinas, por lo que resulta más fresca y alegre que la ginebra londinense seca tradicional. La maestra destiladora Joanne Moore (única del mundo en su categoría) se inspiró en el aroma de los jardines rurales y los prados ingleses. Bloom es una pieza destacada en el circuito de premios y lleva acumulados más de 15 recientemente, incluida la prestigiosa Medalla Platino en el Campeonato Mundial de licores de 2010.

PARA DAR CON EL PUNTILLO

WILLIAMS CHASE

Will Chase creció en una granja inglesa, entre campos frescos y aromáticos de cebada, cítricos y patatas, y pronto descubrió que tenía un don para los negocios y para comer las mejores patatas fritas del mundo. Su marca de patatas fritas en bolsa, Tyrrells (bautizada con el nombre de la granja familiar), es famosa en el mundo entero y su galardonada ginebra epónima resulta asombrosa. Para elaborarla, Will cambió sus queridas y únicas patatas por manzanas, destiló su propia sidra biodinámica para convertirla en vodka y la volvió a destilar para hacer con ella ginebra: un proceso enormemente dilatado, pero que produce un licor singular y aromático. Contiene notas de especias y cítricos, canela y nuez moscada, con el tradicional aroma a enebrinas, y es fantástica para gin-tonics. Podemos agradecer a Will dos aportaciones mágicas: las patatas fritas y la ginebra. Se merece una medalla.

PARA MARGINADOS Y EXCÉNTRICOS

BUTLER DE CAÑA DE LIMÓN Y CARDAMOMO

Viajamos a Hackney Wick, cochambroso barrio industrial londinense que contrasta con su reluciente vecino Olympic Park. Cuna de excéntricos y parias, es el emplazamiento perfecto para la ginebra Butler, un licor artesano con un poco del pavoneo típico del East End. Inspirada en una antigua receta tradicional, se elabora con un recipiente de 20 litros con infusión de caña de limón, cardamomo, cilantro, clavos, canela, anís estrellado, hinojo, limón y lima –en bolsitas–; el licor fuertemente perfumado (aunque de delicado sabor) se embotella a mano al cabo de 18 horas. Esta ginebra presenta un tono amarillo verdoso y es ideal servida fría, con pepino. Un espirituoso refinado procedente de un lugar inesperado.

Butler's Gin

PARA BEBEDORES TATUADOS

FIFTY EIGHT

Este licor de Mark Marmont se destila una sola vez y se elaboran lotes minúsculos, etiquetados a mano y torpemente sellados con cera, con diseños del elogiado artista del tatuaje londinense Mo Coppoletta. Se añade aguardiente de cereal al alambique de cobre junto con nueve intensos ingredientes botánicos que incluyen enebrinas, cilantro, limón, pomelo rosado, vainilla, raíz de iris, cubeba, bergamota y angélica. El resultado es un licor verdoso, fresco, con toques cítricos, picantes y de piñones, una pizca de dulzor y un acabado repentino de enebrina carnosa al final. Fifty Eight es fabuloso para gin-tonics, Negroni y un delicado Martini.

PARA AMANTES DEL KOALA

FOUR PILLARS

Llegamos al pintoresco valle de Yarra de la región de Victoria (Australia), donde la pequeña destilería Four Pillars crea su excelente ginebra añejada en barrica rodeada de cucaburras y (tal vez) koalas. El alambique de Four Pillars, llamado Wilma, utiliza agua del valle triplemente filtrada y una curiosa mezcla de ingredientes botánicos –locales, exóticos y tradicionales–, y el equipo invierte toda su paciencia para dejar reposar la ginebra vivaz y chispeante en barriles de roble francés entre tres y seis meses. La canela, el cardamomo y los cítricos dan paso a un toque fresco de enebrinas con anís estrellado y lavanda. Una bebida deliciosa y apreciada, ideal para gin-tonics.

PARA AMANTES DE LOS PERROS

MOONSHINE KID'S DOG'S NOSE

Hora de conocer a Matt Whiley, el chico del aguardiente casero (Moonshine Kid), un aficionado a los cócteles y miembro fundador del Movimiento Fluid, cuyos creativos trabajan en diversas coctelerías contemporáneas. Su ginebra Dog's Nose se elabora en el corazón del lugar de nacimiento de este licor, y se obtiene a través de la destilación en frío y al vacío, con una combinación de lúpulo Chinook y Columbus, junto con ingredientes botánicos tradicionales. El cilantro y el limón se combinan con bayas de enebro y borrajas para aportar una sensación cremosa y un tono especiado para equilibrar. Es ideal para combinados y deliciosa en cócteles.

PARA BEBEDORES SABIOS

No. 209

He aquí la 209, la destilería número 209 registrada en Estados Unidos, una de las mejores con poca producción artesana y, quizás, la única Kosher, apta para celebrar la Pascua judía. Se destila cuatro veces, y la complejidad de su sabor cítrico y especiado procede de la bergamota, la piel de limón, las vainas de cardamomo, la corteza de canela china, la raíz de angélica y las semillas de cilantro, junto con una potente adición de bayas de enebro. Estos productores de vino también dejan envejecer la ginebra en barricas de vino usadas, y su ginebra reserva número 209 Barrel Reserve Cabernet Sauvignon posee un tono ámbar

mágico. Con mucho cuidado y atención, elaboran una ginebra de calidad superior, magistral y contemporánea.

PARA AMANTES DE AUSTEN

BATH GIN

Con Jane Austen guiñando un ojo en la etiqueta, esta ginebra subraya su pretensión literaria y su afiliación con Bath, ciudad inglesa declarada Patrimonio de la Humanidad por la UNESCO, pero son sus elementos botánicos los que nos emocionan: corteza de canela china, pieles de limón y naranja ahumada, cubeba, regaliz, cardamomo, angélica y enebrinas. Creada por el Canary Gin Bar de la ciudad inglesa de Bath –en pequeños lotes de botellas numeradas–, el uso delicioso de ajenjo y hoja de lima kaffir es toda una inspiración y sirve para crear una ginebra de calidad digna de la propia Jane Austen. Ella, sin duda, hubiese disfrutado de un sorbito entre capítulos.

PARA SORBOS SECRETOS PROHIBIDOS

FEW AMERICAN GIN

Esta asombrosa ginebra americana de la destilería artesana Few, en Evanston, Illinois (la cuna de la Ley Seca), descaradamente toma su nombre de las iniciales de Frances Elizabeth Willard, una figura clave del Movimiento por la Templanza. A diferencia de la mayoría de ginebras, esta da sus primeros pasos como whisky blanco –bourbon envejecido– y esto le confiere un carácter singular. Con un toque de cítrico y aroma de enebrinas, da pie a un acabado dulce de vainilla con un frescor limpio y puro. Few Spirits fue la primera destilería de su ciudad desde la época de la prohibición, y el diligente enfoque de la empresa respecto a la creación de espirituosos es tan alegre como descorchar una botella, ya que se basa en la creatividad y el humor. Como ejemplo, su edición limitada de 2015, Breakfast Gin, contenía té Earl Grey.

LAS MEJORES TÓNICAS DEL MUNDO

La ginebra no es nada sin su cómplice, la tónica, y combina a la perfección con las de calidad. Probadas y comprobadas, estas son las tres mejores tónicas del mundo para gozar de su combinado.

FEVER-TREE

La historia de un gran éxito. Esta pequeña y galardonada marca británica se enfrentó a las grandes y se hizo un hueco en los mejores restaurantes, hoteles, bares –y bodegas– del mundo. Se elabora a partir de aceites botánicos, agua de manantial y quinina de la mejor calidad procedente de la acacia cultivada en el Congo conocida como árbol de la fiebre, el ingrediente que aporta el amargor a la tónica. Con jengibre verde, flores de saúco y azúcar de caña, es una tónica apreciada, la maravillosa antítesis de las producidas industrialmente. Aporta un toque fresco, casi artesanal, al gin-tonic. Combínela con licores sutiles, las ginebras artesanales con notas fuertes de enebrinas pueden resultar demasiado potentes al mezclarlas con una maravilla como esta. Una bebida por sí sola.

FENTIMANS

Esta marca de bebidas artesanales con un siglo de antigüedad crea refrescos con elementos botánicos deliciosos. Sus tónicas ligeras y herbales son perfectas, las últimas mezcladas con hisopo y arrayán. Pero es su tónica normal, con caña de limón, la que más triunfa. A principios de 1900, Fentimans vendía sus bebidas (principalmente cerveza de jengibre) puerta a puerta en jarras adornadas con la mascota de la marca, un perro llamado Fearless. En la actualidad, las cosas han cambiado un poco: la marca se ha internacionalizado y cuenta con una impresionante gama de refrescos, bebidas alcohólicas y una gustosa tónica.

SCHWEPPES

Es la más popular del mundo, con tal historial de equívocos que a veces es fácil olvidar lo perfecta que es. Las tónicas artesanales son el furor en los bares, pero la tónica Schweppes, con su maravilloso cosquilleo y equilibrio entre dulce y amargo, es completamente única. Suele considerarse la favorita de los bármanes, ya que permite que las complejas cualidades de las ginebras de calidad superior destaquen. Por tanto, aunque el barman doméstico pueda inclinarse por marcas como Fever-Tree y Fentimans, no debería desmerecer a Schweppes.

Utensilios básicos

¿NO DISTINGUE EL COLADOR DE GUSANILLO DEL
MEDIDOR? LOS UTENSILIOS ADECUADOS ELEVAN
EL COMBINADO DE BUENO Y AROMÁTICO A
ARREBATADORAMENTE EXCELENTE

UTENSILIOS IMPRESIONANTES

Invierta en su ginebrería particular con una gama de utensilios de coctelería impresionantes. Empiece con lo básico: una coctelera, un medidor, una batidora, un colador y una cubitera.

Le bastará esto para un enfoque minimalista:

2oz - 60mL

1,5oz - 44mL

MEDIDOR

Una herramienta básica. Proporciona la medida estándar para los licores y está disponible en diversos tamaños. Los metálicos son vistosos, pero los de plástico o vidrio sirven igual. Si no dispone de medidor ni de vasos de chupito, utilice una huevera; así las proporciones serán adecuadas, aunque las dosis resulten algo generosas. Si no, cruce los dedos y hágalo a ojo.

VASO MEZCLADOR

Se trata de un sencillo vaso, resistente, recto (también conocido como vaso Boston), para cócteles que precisan mezcla con cuchara en lugar de agitarlos en la coctelera, o bien para cuando se requiere más volumen. Se adapta al vaso de la coctelera, las dos partes quedan unidas y se agita hasta que se enfría la bebida. Luego se puede utilizar el colador de gusanillo para pasar la mezcla a la copa.

COCTELERA

La denominada europea se parece a la coctelera
Boston, y es la pieza más importante del conjunto:
pocos cócteles son posibles sin ella. El modelo
metálico clásico consta de tres partes principales:
una base, denominada vaso (recipiente alto, de
base más estrecha), y una tapa bien ajustada en
forma de embudo con colador incorporado, donde
se encaja un pequeño tapón (que también hace las
veces de medidor). Es un accesorio brillantemente
simple y muy útil, como las mejores herramientas,
y vale la pena mantenerla siempre limpia. Si no
dispone de ella, utilice un tarro grande de cristal
con tapa hermética.

BATIDORA

Esencial para recetas con fruta, aunque la mayoría de batidoras
domésticas tienen dificultades con el hielo, por lo que es mejor utilizar
hielo picado cuando la receta lo requiera, en lugar de cubitos. Añada
primero los ingredientes y luego el hielo y empiece con una velocidad
lenta antes de subirla al máximo. No es necesario colar una vez consigue
la consistencia suave: se vierte directamente en la copa y se sirve.

COLADOR DE GUSANILLO

Este colador de aspecto exótico, rodeado por un muelle, resulta útil
cuando la versión que incorpora la coctelera no es la adecuada. Se coloca
sobre una copa y sobre él se vierte el cóctel, o se cubre con él el vaso de la
coctelera o el medidor para verter su contenido desde cierta altura.
Lávelo inmediatamente después de su uso. Si no dispone de él, utilice un
colador para té. Sirve igual, aunque el de gusanillo da más el pego.

LICUADORA

Útil para extraer el zumo de la fruta o del jengibre, etcétera, sin incluir la pulpa, piel, semillas y fibras, al contrario que en los batidos. Es una inversión, pero acabará usted dominando el siguiente nivel de coctelería, y piense en todas las oportunidades de cuidarse con recetas de zumos verdes y similares que encontrará en Instagram.

CUCHILLO Y TABLA DE CORTAR

Simple, pero esencial. Mantenga la tabla limpia y el cuchillo bien afilado. Practique sus habilidades para pelar: el objetivo consiste en evitar en lo posible la piel blanca y utilizar solo la piel más exterior, rica en aceites aromáticos.

EXPRIMIDOR DE CÍTRICOS

Un invento
inteligente y
sencillo para
exprimir los
cítricos a mano.

Parta la fruta por la mitad, colóquela en el exprimidor y presione con todas sus fuerzas para que suelte el jugo mientras la piel queda atrapada. Utilice siempre zumo fresco de cítricos. Si no dispone de exprimidor, use las manos y ayúdese de los dedos para colar las pepitas al hacerlo.

CUBITERA

El elemento central del bar doméstico; simple, funcional, tanto una retro como una acrílica. Una cubitera aislante consigue que los cubitos se mantengan enteros más tiempo, y un juego de buenas pinzas aporta elegancia al conjunto.

UTENSILIOS ADICIONALES

PUNZÓN

Compre bolsas de hielo picado o cubitos (siempre compre el doble o el triple de la cantidad que precise), o golpee una barra de hielo hecha en casa con un punzón. Hierva agua, deje que se temple un poco y viértala en un recipiente vacío de helado. Congélelo, vuelque el contenido sobre un trapo de cocina limpio y ataque el bloque según precise. El hielo saltará por doquier, pero persista. Los trozos grandes y angulosos le servirán para bebidas como el New Fashioned (página 118).

MAJADERO (MUDDLER)

Es como una mano de mortero corta, normalmente de madera, para majar o machacar fruta, hierbas, hielo y azúcar en la copa moliendo y chafando los ingredientes para que suelten sus sabores y aceites naturales. Si no dispone de majadero, utilice un rodillo sin asas (¡con cuidado!).

PALILLO DE CÓCTEL

Para pinchar cerezas, pieles de cítricos, rodajas de fruta, aceitunas, tajadas de cebolla, pepinillos. Incluso salchichas.

AGITADOR

Más que un accesorio de coctelería en sí, el agitador permite al bebedor gobernar su bebida y mezclarla al degustarla. Ideal para combinados con fruta u otras guarniciones o para invitados nerviosos que necesitan algo entre los dedos.

ACANALADOR

Una herramienta sofisticada. Este cuchillo dispone de una cuchilla especial para cortar espirales de piel de cítricos, vaciar melones y probablemente muchos otros usos artísticos.

PAJITAS, SOMBRILLAS Y MONOS DE PLÁSTICO

Un reto. Crear cócteles asombrosos a todas luces significa que por sí mismos ya deben ofrecer un aspecto y sabor extraordinarios. Sin sombrillitas, monos de plástico, cubitos iluminados con LED o pajitas que uno puede ponerse a modo de gafas. Dicho lo cual, resulta algo más que agradable añadir algún adorno a la bebida. Disponga siempre de pajitas en el mueble bar –las de papel a rayas rojas y blancas resultan llamativas– y algún que otro mono de plástico

no hace daño a nadie. Guarde las pajitas más descaradas para ocasiones realmente especiales, como una fiesta de 80 cumpleaños.

CUCHARA COCTELERA

La clásica es de mango largo y en espiral, acabado plano en un extremo y con una cuchara en forma de gota de agua en el otro, que se emplea para remover y medir ingredientes. No es imprescindible, pero queda bastante guay.

Los vasos

NO UTILICE LA CRISTALERÍA ORDINARIA PARA
SERVIR SUS COMBINADOS. PRESÉNTELOS CON
DISTINCIÓN E INVIERTA EN UNOS CUANTOS
VASOS Y COPAS BUENOS

COPA POMPADOUR

La copa corta, en forma de trompeta, perfecta para champán y vinos espumosos; también resulta indicada como alternativa a la copa Martini o de cóctel. (**Fig. 1**)

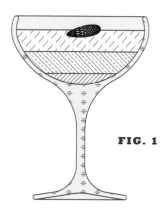

FIG. 1

COPA MARTINI

La copa más icónica de la cultura del cóctel. Su refinado pie y copa cónica forman un recipiente grande y poco hondo. También llamada copa de cóctel, pierde la habilidad de mantener su contenido a medida que avanza la velada. (**Fig. 2**)

TAZA DE COBRE

Emblemática taza de cobre tradicionalmente utilizada para el Moscow Mule o el Mojito que, repleta de hielo, forma una condensación muy refrescante.

FIG. 2

FLAUTA

La copa aflautada utilizada para cócteles de champán, el Bellini y la Mimosa. (**Fig. 3, página siguiente**)

VASO COLLINS

Es la versión delgada del vaso largo, normalmente de lados rectos. (**Fig. 4**)

VASO LARGO

Ostensiblemente alto, con un fondo grueso y resistente, capaz de contener 225-350 ml de combinado. También conocido como highball. (**Fig. 5**)

VASO CORTO

Vaso corto de lados rectos, perfecto para bebidas de un solo trago. Es mejor elegir un modelo con base pesada. También conocido como old fashioned. (**Fig. 6**)

VASO BOSTON

El hermano gemelo del vaso cervecero, cambiado al nacer. Ideal para mezclar en él combinados o prepararlos uniéndolo al vaso de la coctelera. (**Fig. 7**)

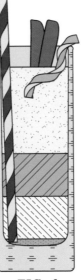

FIG. 3

FIG. 4

FIG. 5

VASO TIKI

Este vaso nació en los bares tropicales americanos de mediados del siglo pasado y se atribuye a Don the Beachcomber, padre fundador de la cultura tiki. Es un vaso alto de cerámica, de diseño retorcido, que representa una cara semejante a un moái de la isla de Pascua.

TARRO DE MERMELADA

No hay reglas para servir los combinados, o acerca de los recipientes en los que hacerlo. Existen muchas alternativas para sorprender a sus invitados: tarros de mermelada, tazas de té, probetas o matraces de laboratorio, tazas de té rusas, incluso zapatos. (**Fig. 8**)

VASO DE CHUPITO

Corto y simple. Verter, tomar, golpear la mesa. Fin. Puede usarse como medidor.

FIG. 6

FIG. 7

FIG. 8

Trucos de experto

NO SE TRATA DE LOS UTENSILIOS, SINO DE LO QUE HAGA CON ELLOS. PREPARAR UN COMBINADO CON GINEBRA ES ALGO MÁS QUE AGITAR LA COCTELERA VIGOROSAMENTE. COMO TODO LO BUENO, TIENE SU ARTE

CÓMO
SE HACE

CÓMO AGITAR

Es el eterno debate en el mundo de la coctelería. ¿Cuánto tiempo hay que agitar el combinado para que salga perfecto? No existe acuerdo. Hay quien dice que 15 segundos, otros afirman que menos. Aquí nos la jugamos y apostamos por 7 segundos cortos y vigorosos. Más tiempo podría diluir demasiado la mezcla y mermar su potencia. Aparte de esto, nada de voltear botellas ni encender bengalas, aunque unos malabares con limones y limas no estarán de más.

CÓMO MEZCLAR

Saque la cuchara y el vaso mezclador y mezcle las bebidas con suavidad y destreza utilizando hielo para enfriar el combinado. Cuando se forme condensación en el exterior del vaso, estará listo.

CÓMO REFRIGERAR

Si dispone de espacio, reserve un cajón en el congelador para guardar las copas, o llénelas de cubitos para que se enfríen. Deséchelos después.

POTENCIA

Todos los cócteles son potentes, pero algunos más que otros. Cada bebida debe procurar alcanzar un equilibrio de sabores y diversos niveles de intensidad, pero no debería emborrachar (al menos no por sí sola). Respetar las medidas es muy importante.

PRESENTACIÓN

Las guarniciones frescas, las copas limpísimas, los cubitos de agua mineral y un equilibrio perfecto de colores y texturas son esenciales.

AROMAS

La bebida debe oler genial, no solo saber bien. Esto se consigue con bíteres, zumos frescos y pieles de cítricos repletos de aceites fragantes.

CÓMO CREAR UN BUEN FONDO DE BAR

Además de una colección con las mejores ginebras del mundo –de Hendrick's a Tanqueray– y de sus propias infusiones caseras, cree su fondo de bar con unos cuantos licores fuertes, limpios y clásicos, alguna compra especial y unas cuantas rarezas. No es necesario hacer acopio de licores añejos para los cócteles –sus cualidades más sutiles se pierden en la mezcla–, pero hay que invertir en productos de calidad.

GINEBRAS

Cerciórese de que su ginebra, gin o fogonazo, como quiera llamarle, sea de suficiente calidad como para tomarla sola y acuérdese de mezclar las de sabor más sutil con bebidas no alcohólicas y reservar las más gustosas para cócteles donde destaquen sus elementos botánicos, como el Dry Martini o un Gin Old Fashioned. Lo mejor es disponer de una marca artesanal de poca producción y calidad superior y un par de ginebras buenas para los combinados.

WHISKY

Opte por un bourbon fuerte en lugar de un whisky de malta envejecido. Monkey Shoulder, Knob Creek y Bullet son todos buenos candidatos.

VERMUT

Licor de vino blanco con plantas diversas, en versión dulce o seca. Disponga de ambas, refrigeradas una vez abiertas.

TEQUILA

Licor de agave que funde los sesos. Sin envejecer (o envejecido un máximo de 60 días en

recipientes de acero), el blanco o plata es un elemento esencial del bar. El tequila joven u oro es dulce y suave, el reposado es ahumado, envejecido en barricas forradas de madera.

VODKA

Stolichnaya, Smirnoff y Absolut son marcas fiables. Más espectacular es el vodka Crystal Head, más caro y presentado en una botella en forma de calavera.

RON

Es el licor que los marineros bebían para combatir el escorbuto. Ellos lo hacían con ron barato; usted invierta en uno de más calidad, como un Zacapa o un Brugal Añejo, para sentirse no tanto Los piratas del Caribe como Trump en su yate. El ron claro, de sabor más suave, es mejor para mezclas.

CAMPARI Y APEROL

Bíteres rojos e intensos que ensalzan los cócteles y son la base del Negroni y el Americano, capaces de cambiarle la vida a cualquiera al combinarlos con soda y vino espumoso.

CASIS

Invierta en una buena crema de casis o crema de moras: licores de bayas negras para el Kir, el Kir Royale y muchos más, además de ser ideales para endulzar recetas neutras con ginebra. Añada unas gotas al gin-tonic para darle un toque frutal.

LICOR TRIPLE SECO Y LICOR DE NARANJA

El triple seco (o un buen licor de naranja como el Cointreau) es imprescindible. Elaborado con piel seca de naranjas dulces y amargas, posee un intenso sabor perfecto para muchos cócteles.

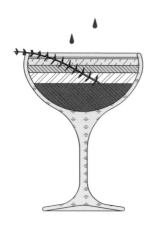

SIROPE

Ingrediente esencial en coctelería.
El sirope sencillo, básico o de
azúcar, es azúcar líquido mezclado
a partes iguales con zumo de
cítricos, y aporta una agradable
nota agridulce al combinado.
Adquiera una versión de sirope
sencillo (Monin es buena marca)
o elabórelo usted mismo
(página 45). El de agave es un
sirope de origen natural disponible
crudo, ligero o ámbar; el ligero es
el más indicado para coctelería por
su sabor limpio y simple.

BÍTERES

El amargo de Angostura
(venezolano a través de Trinidad
y Tobago) es esencial en un bar.
Se dice que quita el hipo, y esta
tintura, en parte herbal y en parte
alcohólica, es muy aromática y
aporta a los cócteles profundidad
y complejidad de sabor, y colorea
de un sutil tono rosado los licores
blancos. La marca de jarabes y
bíteres Fee Brothers (fundada en
1864) es un buen comienzo: sus

bíteres envejecidos en barricas de
whisky, de ruibarbo y ciruela, en
especial, son deliciosos.

TÓNICA DE LA MEJOR CALIDAD

Es destacable el giro que ha dado
la ginebra al pasar de licor
desfasado a producto de
crecimiento más acelerado de la
industria licorera, dominada por
marcas británicas alternativas. La
tónica de calidad, con marcas
líderes como Fever-Tree y
Fentimans, ha ayudado a dirigir
hacia la ginebra el foco de
atención. Fever-Tree es la marca
internacional independiente que

ha recordado a los aficionados a la ginebra un hecho importante: la tónica debe saber de maravilla. Durante años, la tónica de consumo masivo parecía la única opción hasta que en 2005 surgió Fever-Tree y fue descubierta enseguida por el chef Ferran Adrià, que la empleó para un granizado enfriado con nitrógeno líquido y favoreció el resurgimiento de la ginebra en España, Europa y más allá. Fentimans elabora bebidas desde hace más de 100 años y conoce bien el producto. Véase el apartado Las mejores tónicas del mundo en la página 22.

OTROS

Casi nadie emplea ya refresco de cola para sus combinados. Nadie (aunque se permite un chorrito para el Long Island Iced Tea). Disponga de ginger-ale o cerveza de jengibre, soda o agua con gas fría, prosecco, cava o champán, y zumos frescos de cítricos, limonada, zumo de arándano rojo, licor de saúco, agua de coco y –siempre– un montón de hielo.

APENAS LEGAL

Durante los años de la prohibición, en la década de 1920, en Nueva York, habría necesitado una bañera, utensilios improvisados y un hígado de hierro para elaborar su propia ginebra. En la actualidad, es una actividad más civilizada. La elaboración casera de ginebra se basa en el hecho de que la ginebra y el vodka siguen procesos de fermentación casi gemelos. Si el vodka es un licor limpio y claro con apenas sabor, la ginebra casera es, básicamente, vodka con infusión de hierbas aromáticas, especias y elementos botánicos. Las bayas de enebro son –para los puristas– un ingrediente esencial, pero el método de convertir vodka en ginebra abre las puertas a su creatividad.

GINEBRA CASERA

La enebrina confiere a la ginebra su aroma intenso típico. Las bayas (una especie de conos blandos con semillas) aportan su sabor herbal al licor. La canela y el cardamomo, con las vainas abiertas para que salgan las semillas, contribuyen con una nota de exotismo. Aunque el aroma de piel de cítrico es agradable, su sabor es notablemente amargo. Cerciórese de eliminar la parte blanca de la piel. La raíz de regaliz añade un poco de dulzor. Las hojas de lima o laurel imprimen un toque de frescor.

INGREDIENTES

500 ml de buen vodka (que no sea del fuerte para limpiar pinceles)

una buena cantidad de enebrinas

unas vainas cardamomo

1 trozo de raíz de regaliz

1 rama de canela

piel de naranja, limón y lima (sin parte blanca)

1-2 hojas de lima o laurel

UTENSILIOS Una botella de cierre hermético esterilizada y un colador

MÉTODO Sumerja los ingredientes en el vodka y guarde la botella esterilizada y cerrada en un lugar fresco y oscuro durante al menos 3 días, o más si desea un sabor más fuerte. Cuele el líquido y sirva.

Infusiones, siropes, sours y salmueras

ENRIQUEZCA UNA GINEBRA BÁSICA (PERO DE CALIDAD) CON SUS PROPIAS INFUSIONES O CREE UNA REDUCCIÓN PARA POTENCIAR SU SABOR

INFUSIONES

DE ENDRINAS Y ANÍS ESTRELLADO

Tome un puñado de endrinas frescas y maduras y añádalas a 500 ml de ginebra junto con una estrella de anís troceada y una cucharadita de azúcar moreno. Deje reposar durante al menos 3 días en un lugar fresco y oscuro antes de colar y servir. Se conserva hasta 6 semanas en el frigorífico en la botella original. Ideal para un Negroni de Gin de Endrinas con Tempranillo (página 96).

AL LAUREL

Utilice 2 o 3 hojas de laurel por 500 ml de ginebra. Deje reposar durante al menos 3 días en un lugar fresco y oscuro antes de colar y servir. Se conserva hasta 6 semanas en el frigorífico en la botella original. Fantástica para

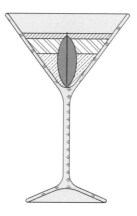

un Martini con Laurel y Té Verde (página 100).

AL JENGIBRE

Esta fogosa infusión aporta una nota muy especiada. Añada un trozo de jengibre pelado del tamaño del pulgar a 500 ml de ginebra. Deje reposar durante al menos 3 días en un lugar fresco y oscuro antes de colar y servir. Se conserva hasta 6 semanas en el frigorífico en la botella original.

SIROPES Y REDUCCIONES

Dulces. Al suavizar la acidez de los cítricos y el amargor de algunos licores, un punto de sirope puede transformar una bebida y convertir el aguardiente más duro en un refresco. El sirope aromatizado aporta un nivel de complejidad que un ingrediente fresco no consigue. Y elaborarlo es facilísimo: empiece con la receta básica de sirope, pase a las infusiones de sabor y luego invente sus propias creaciones. También puede adquirir sirope ya hecho. No es esencial utilizar azúcar moreno, pero sabe mejor, no contiene sustancias químicas y –en sus recetas de coctelería y siropes– concede una irregularidad a los procesos que solo se consigue con productos elaborados a mano.

REDUCCIÓN DE TEMPRANILLO

Da para unos 15 usos

INGREDIENTES

200 ml de vino tempranillo

una pizca de anís estrellado chafado

100 g de azúcar moreno oscuro

1 cucharada de jarabe de maíz
o jarabe de azúcar invertido
(opcional)

UTENSILIOS Cazo
antiadherente, cuchara de madera,
tarro de cristal con cierre hermético
de 200 ml, o botella de cristal con
tapón, y embudo

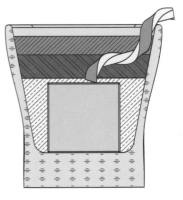

ELABORACIÓN Hierva suavemente el vino con el anís y añada el azúcar poco a poco. Baje el fuego y remueva sin cesar con la cuchara de madera durante 3-5 minutos, hasta que el azúcar quede disuelto y la mezcla haya reducido un tercio. Apague el fuego y deje enfriar 20-30 minutos para que los sabores se combinen. Mientras esté aún líquida, pase la reducción con el embudo al tarro o la botella esterilizados. Una cucharada de jarabe de maíz cuando se haya enfriado favorece la textura suave del sirope. Se conserva en la nevera hasta 6 semanas.

SIROPE BÁSICO

Da para unos 15 usos

INGREDIENTES

200 ml de agua

100 g de azúcar demerara (turbinado), de caña o granulado (crudo)

1 cucharada de jarabe de maíz o jarabe de azúcar invertido (opcional)

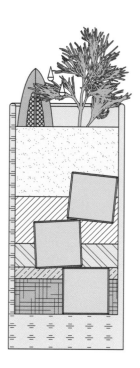

UTENSILIOS Cazo antiadherente, cuchara de madera, tarro de cristal con cierre hermético de 200 ml, o botella de cristal con tapón, y embudo

ELABORACIÓN Hierva el agua y añada poco a poco el azúcar. Baje el fuego y remueva sin parar durante 3-5 minutos, hasta que el azúcar quede disuelto y el sirope se aclare.

Apague el fuego y deje enfriar.
Mientras esté aún líquido, páselo
con el embudo al tarro o la botella
de cristal esterilizados. Una
cucharada de jarabe de maíz
cuando se haya enfriado favorece
la textura suave del sirope. Se
conserva en la nevera hasta
6 semanas.

SIROPE DE RUIBARBO, JENGIBRE Y ANÍS ESTRELLADO

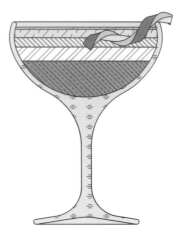

Da para unos 15 usos

INGREDIENTES

200 ml de agua

100 g de azúcar demerara
(turbinado), de caña o granulado
(crudo)

2 tallos de ruibarbo, cortados
en trozos

1 cucharada de jengibre rallado

1 estrella de anís, chafada

un poco de zumo de limón recién
exprimido

1 cucharada de jarabe de maíz o
jarabe de azúcar invertido
(opcional)

UTENSILIOS Cazo
antiadherente, cuchara de madera,
estameña, cuenco resistente al
calor, tarro de cristal con cierre
hermético de 200 ml, o botella de
cristal con tapón, y embudo

ELABORACIÓN Hierva el
agua y añada poco a poco el
azúcar, el ruibarbo, el jengibre, el
anís y el zumo de limón. Baje el

fuego y remueva sin parar durante 3-5 minutos, hasta que el azúcar quede disuelto. Apague el fuego y deje enfriar unos 20-30 minutos para que los sabores hagan infusión. Mientras esté aún líquido, páselo por un colador forrado con la estameña al cuenco para decantarlo más tarde al tarro o a la botella de cristal esterilizados. Una cucharada de jarabe de maíz cuando se haya enfriado favorece la textura suave del sirope. Se conserva en la nevera hasta 6 semanas.

SIROPE ESPECIADO CON AZÚCAR MORENO

Da para unos 15 usos

INGREDIENTES

200 ml de agua

100 g de azúcar moreno integral

1 cucharada de jengibre rallado

1 cucharada de jarabe de maíz o jarabe de azúcar invertido (opcional)

UTENSILIOS Cazo antiadherente, cuchara de madera, estameña, cuenco resistente al calor, tarro de cristal con cierre hermético de 200 ml, o botella de cristal con tapón, y embudo

ELABORACIÓN Hierva el agua y añada poco a poco el azúcar y el jengibre. Baje el fuego y remueva sin parar durante 3-5 minutos, hasta que el azúcar quede disuelto. Apague el fuego y deje enfriar unos 20-30 minutos

para que los sabores hagan infusión. Mientras esté aún líquido, páselo por un colador forrado con la estameña al cuenco para decantarlo más tarde al tarro o a la botella de cristal esterilizados. Una cucharada de jarabe de maíz cuando se haya enfriado favorece la textura suave del sirope. Se conserva en la nevera hasta 6 semanas.

SIROPE DE CEREZA Y TOMILLO

Da para unos 15 usos

INGREDIENTES

200 ml de agua

100 g de azúcar demerara (turbinado), de caña o granulado (crudo)

un puñado de cerezas maduras y blandas, sin hueso

una rama grande de tomillo fresco

1 cucharada de jarabe de maíz o jarabe de azúcar invertido (opcional)

UTENSILIOS Cazo antiadherente, cuchara de madera, tarro de cristal con cierre hermético de 200 ml, o botella de cristal con tapón, y embudo

ELABORACIÓN Hierva el agua y añada poco a poco el azúcar, las cerezas y el tomillo. Baje el fuego y remueva sin parar durante 3-5 minutos, hasta que el azúcar quede disuelto. Apague el fuego y deje enfriar. Mientras esté aún líquido, páselo con el embudo al tarro o a la botella de cristal esterilizados. Una cucharada de jarabe de maíz cuando se haya enfriado favorece la textura suave del sirope. Se conserva en la nevera hasta 6 semanas.

SIROPE DE PINO

Da para unos 15 usos

INGREDIENTES

200 ml de agua

100 g de azúcar demerara (turbinado), de caña o granulado (crudo)

un puñado de puntas de rama de pino frescas (las agujas de color verde brillante, no las de tono verde oscuro)

1 cucharada de jarabe de maíz o jarabe de azúcar invertido (opcional)

UTENSILIOS Cazo antiadherente, cuchara de madera, tarro de cristal con cierre hermético de 200 ml, o botella de cristal con tapón, y embudo

ELABORACIÓN Hierva el agua y añada poco a poco el azúcar y las hojas de pino. Baje el fuego y remueva sin parar durante 3-5 minutos, hasta que el azúcar quede disuelto y el sirope se aclare. Apague el fuego y deje enfriar. Mientras esté aún líquido, páselo con el embudo al tarro o a la botella de cristal esterilizados. Una cucharada de jarabe de maíz cuando se haya enfriado favorece la textura suave del sirope. Se conserva en la nevera hasta 6 semanas.

OTROS SIROPES

Utilizando como base el sirope básico (página 45), elabore sus propias infusiones, variando las cantidades a su gusto, en función de la potencia de los sabores. Una o dos ramitas bastarán para el sirope de romero, mientras que para el de menta hará falta un buen puñado. No es una ciencia exacta.

Albahaca y lima
Azúcar moreno y melazas
Café molido
Canela
Jengibre y cardamomo
Menta
Miel
Pimienta rosa
Romero
Ruibarbo
Salvia
Vainilla

SOURS

Las mezclas sour –de base cítrica, que pueden incluir sirope y clara de huevo– rebajan el dulzor viscoso de algunos licores. Con clara de huevo y sirope de azúcar, un poco de zumo de limón y lima, o pomelo y naranja sanguina, se consigue la nota efervescente de recetas como el sour clásico. Pero con solo media dosis de zumo de limón en una bebida dulce se consigue un gran efecto y se convierte un combinado de abuela en algo alucinante.

MEZCLA SOUR BÁSICA

INGREDIENTES

15 ml de zumo de limón, recién exprimido

15 ml de zumo de lima, recién exprimido

ELABORACIÓN
Mezcle los zumos y use.

MEZCLA SOUR CLÁSICA

INGREDIENTES

15 ml de zumo de limón, recién exprimido

15 ml de zumo de lima, recién exprimido

15 ml de sirope básico (página 45)

1 clara de huevo

UTENSILIOS Coctelera

ELABORACIÓN Mezcle los zumos, el sirope y la clara de huevo, y agite con hielo y el licor elegido.

BLOODY SOUR MIX

INGREDIENTES

15 ml de zumo de naranja sanguina, recién exprimido

15 ml de zumo de pomelo rosado, recién exprimido

ELABORACIÓN
Mezcle los zumos y use.

SALMUERAS

Salmueras: las sabrosas infusiones robadas de los botes de aceitunas, alcaparras y pepinillos añaden un toque salado y ácido a la bebida, reduciendo su dulzor con más fuerza que los cítricos. Pero agregarlas a un licor fuerte casi subraya su potencia. El jugo de aceitunas mezclado con un Martini de ginebra le otorga sazón; unas cebollitas y una gota de vinagre aportan una nota intensa de acritud; mientras que una gota de jugo de encurtidos parece avivar el ardor de la ginebra. ¿Lo mejor? Es como tomar una copa y cenar a la vez, lo que deja tiempo para más copas. Aquí no hay instrucciones ni cantidades precisas: añada la salmuera que más le plazca.

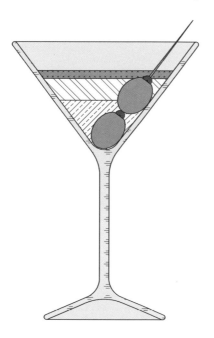

Recetas

DESDE CLÁSICOS CHISPEANTES A INVENTOS
MODERNOS REBOSANTES DE SABOR –Y ALGUNA
QUE OTRA SORPRESA EN FORMA DE PEPINO–,
PREPÁRESE PARA MEZCLAR, AGITAR Y REMOVER

GIN POWER SHOT

Este cartucho de dinamita posee un dulzor que engaña: resulta una bebida fresca y vibrante, con un deje picante y especiado. Es como un desayuno energizante al que se ha añadido un chorrito de ginebra; realmente una gran manera de empezar el día.

INGREDIENTES:

1	zumo de jengibre, recién licuado	15 ml
2	ginebra	60 ml
3	zumo de manzana turbio	30 ml
4	zumo de lima, recién exprimido	15 ml
5	sirope básico casero (página 45)	unas gotas
6	una rodaja de jengibre	para decorar

UTENSILIOS Licuadora, coctelera, colador

ELABORACIÓN Licúe un trozo de jengibre del tamaño del pulgar y échelo a la coctelera con el resto de ingredientes. Agite con hielo. Añada más sirope, al gusto. Cuele en una copa y decore con una rodaja de jengibre fresco.

SIRVA EN: COPA
POMPADOUR

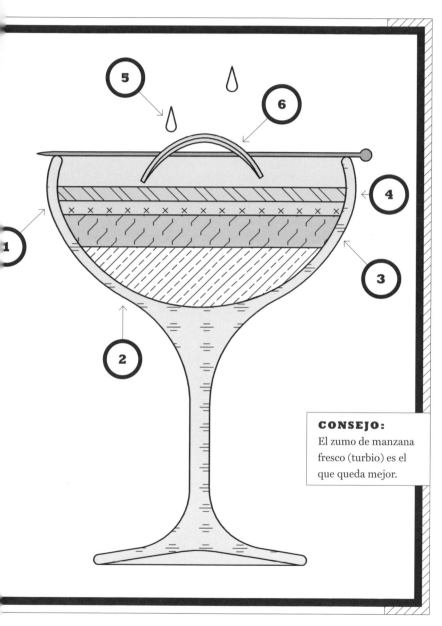

CONSEJO:
El zumo de manzana fresco (turbio) es el que queda mejor.

SMASHED CUCUMBER

El pepino combina genial con la ginebra, y el eneldo aporta una pincelada dulce, incluso algo salada. Sustituya el eneldo por hojas de hinojo o de apio si lo desea, pero no juegue con el pepino.

INGREDIENTES

1	trozos de pepino	un puñado
2	zumo de pepino, recién licuado	30 ml
3	eneldo fresco	una ramita
4	zumo de lima, recién exprimido	15 ml
5	sirope básico casero (página 45)	unas gotas
6	ginebra	60 ml
7	soda fría	para llenar
8	bastón de pepino	para decorar

UTENSILIOS Majadero

ELABORACIÓN En el vaso, maje suavemente un puñado de trozos de pepino con el eneldo, el zumo de lima y el sirope. Agregue la ginebra, el zumo de pepino y el hielo, llene hasta arriba con soda y decore con el bastón de pepino.

SIRVA EN:
VASO LARGO

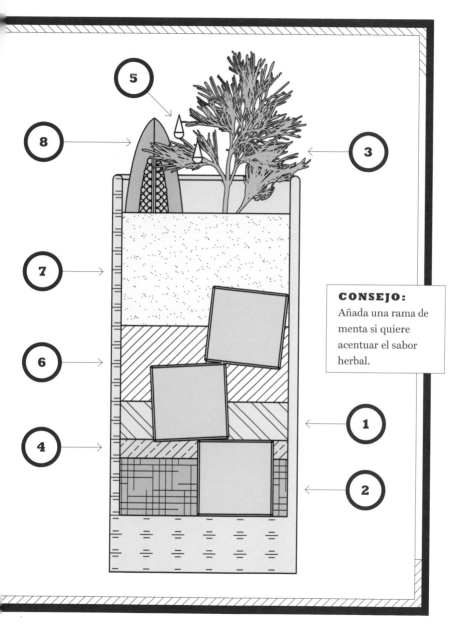

CONSEJO:
Añada una rama de menta si quiere acentuar el sabor herbal.

PINE FOREST

Con las hojas tiernas de pino –las agujas dulces, aromáticas, de color verde claro– se hace un delicioso sirope casero. Mézclelo con ginebra y con leche de almendras fría y obtendrá un cóctel delicioso de dulce aroma.

INGREDIENTES

1	ginebra	60 ml
2	leche de almendras	60 ml
3	sirope de pino casero (página 48)	30 ml
4	hojas de pino	para decorar

UTENSILIOS Coctelera

ELABORACIÓN Agite los ingredientes con hielo, vierta en una copa y sirva con unos brotes frescos.

SIRVA EN: COPA
POMPADOUR

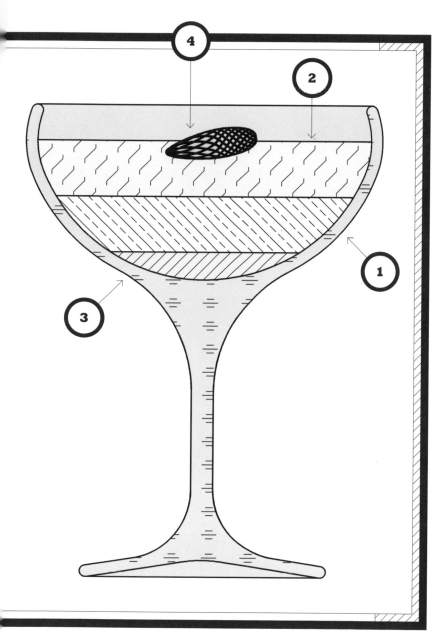

COLLINS DE POMELO Y ESTRAGÓN

El clásico Gin Collins se reinventa aquí con el suave sabor anisado del estragón fresco y el punto ácido del pomelo. El pomelo aporta una tonalidad rosada y el estragón añade un aroma herbal a regaliz.

INGREDIENTES

1	estragón fresco	3-4 briznas
2	azúcar moreno claro	1 cucharadita
3	ginebra	60 ml
4	zumo de pomelo rosado o rojo	60 ml
5	tónica fría	para llenar
6	unas briznas de estragón	para decorar
7	piel de pomelo	para decorar

UTENSILIOS Majadero, coctelera, colador

ELABORACIÓN Maje el estragón y el azúcar en la coctelera. Añada un puñado de cubitos de hielo, la ginebra y el zumo de pomelo, agite y cuele en un vaso Collins lleno de hielo. Acabe de llenar con tónica. Agregue unas briznas de estragón y la piel de pomelo para decorar.

SIRVA EN:
VASO COLLINS

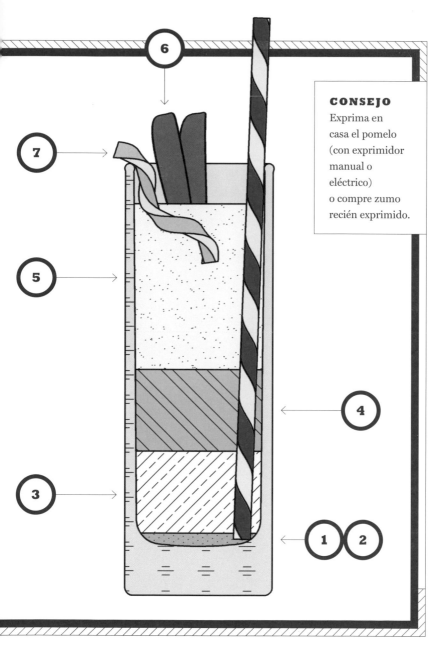

CONSEJO

Exprima en casa el pomelo (con exprimidor manual o eléctrico) o compre zumo recién exprimido.

SOUR DE RUIBARBO

El intenso sabor agridulce de este pequeño cóctel de color rosa y algo espumoso estallará en su boca. El ruibarbo, de tallos ácidos, es común en los jardines ingleses, igual que los erizos (aquí no son necesarios: saben fatal).

INGREDIENTES

1	ginebra	60 ml
2	triple seco	30 ml
3	zumo de limón, recién exprimido	30 ml
4	sirope de ruibarbo casero (página 49)	120 ml
5	clara de huevo	1
6	piel de naranja	para decorar

UTENSILIOS Coctelera, colador

ELABORACIÓN Agite la ginebra, el triple seco, el zumo de limón, el sirope de ruibarbo y la clara de huevo vigorosamente con hielo. Cuele en la copa y decore con piel de naranja.

SIRVA EN: COPA POMPADOUR

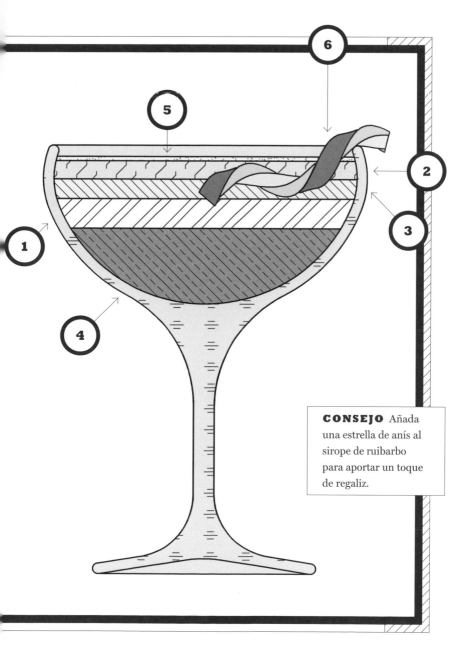

CONSEJO Añada una estrella de anís al sirope de ruibarbo para aportar un toque de regaliz.

LIMONADA DE PEPINO

Imagine que prepara una limonada fresca, aromática y apetecible, como las que venden los niños en puestecitos en todo el mundo, y echa a escondidas un chorrito de ginebra: se meterá en el bolsillo a todos los adultos. Y encima, la magia del pepino. De eso va esta bebida.

INGREDIENTES

1	ginebra	60 ml
2	zumo de pepino, recién licuado	30 ml
3	zumo de limón, recién exprimido	15 ml
4	sirope básico casero (página 45) o sirope de agave	unas gotas
5	bastón de pepino	para decorar
6	soda fría	para llenar

UTENSILIOS Coctelera, colador

ELABORACIÓN Agite la ginebra, el zumo de pepino y el zumo de limón con el sirope y el hielo. Ponga un bastón de pepino y cubitos de hielo en un vaso largo, cuele la bebida y viértala en el vaso. Acabe de llenar con soda.

SIRVA EN:
VASO LARGO

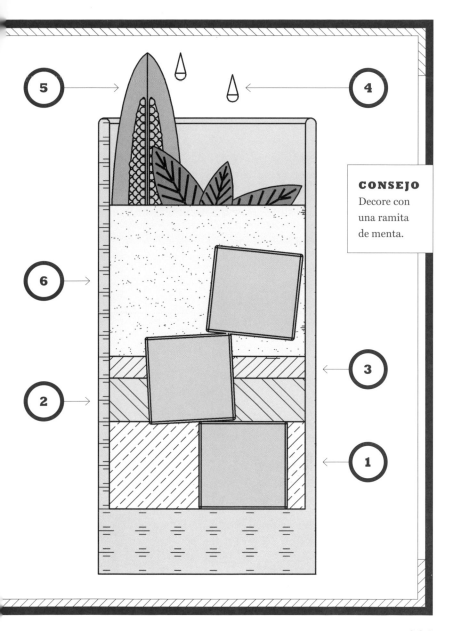

CONSEJO
Decore con
una ramita
de menta.

SOUR DE CEREZA Y TOMILLO

Una bebida de color oscuro y sabor consistente con un suave aroma de tomillo, aderezada con unas gotas de lima recién exprimida. Añada el bíter de Angostura al final para atravesar la espuma rosada.

INGREDIENTES

1	ginebra	60 ml
2	triple seco	30 ml
3	zumo de lima, recién exprimido	30 ml
4	sirope de cereza y tomillo (página 48)	120 ml
5	clara de huevo	1
6	bíter de Angostura	unas gotas
7	una ramita de tomillo fresco	para decorar

UTENSILIOS Coctelera, colador

ELABORACIÓN Agite la ginebra, el triple seco, el zumo de lima, el sirope y la clara de huevo vigorosamente con hielo. Cuele en una copa, añada un par de gotas de bíter de Angostura y decore con el tomillo.

SIRVA EN: COPA POMPADOUR

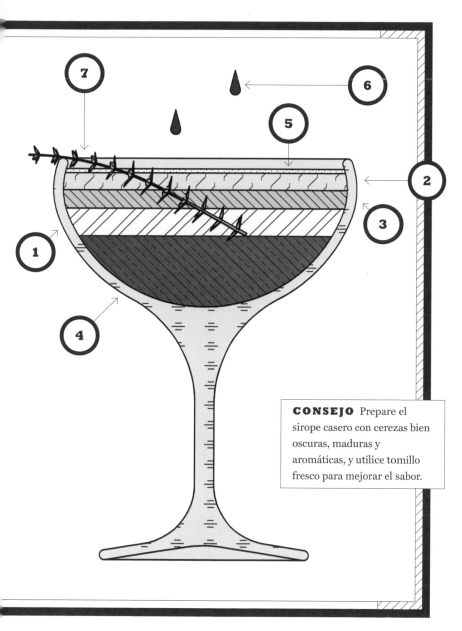

CONSEJO Prepare el sirope casero con cerezas bien oscuras, maduras y aromáticas, y utilice tomillo fresco para mejorar el sabor.

SPRITZ ROSA

Para los que anhelan un Negroni como desayuno –pero les da vergüenza tomar uno a las ocho de la mañana–, esta delicia de tono rosado se prepara con zumo de pomelo para disfrazar el pecado.

INGREDIENTES

1	ginebra	60 ml
2	Aperol	30 ml
3	Campari	15 ml
4	sirope especiado con azúcar moreno (página 47)	unas gotas
5	zumo de pomelo rosado frío	para llenar

UTENSILIOS Coctelera

ELABORACIÓN Agite la ginebra, el Aperol, el Campari y el sirope con hielo. Vierta en una copa y acabe de llenar con el zumo de pomelo.

SIRVA
EN:
FLAUTA

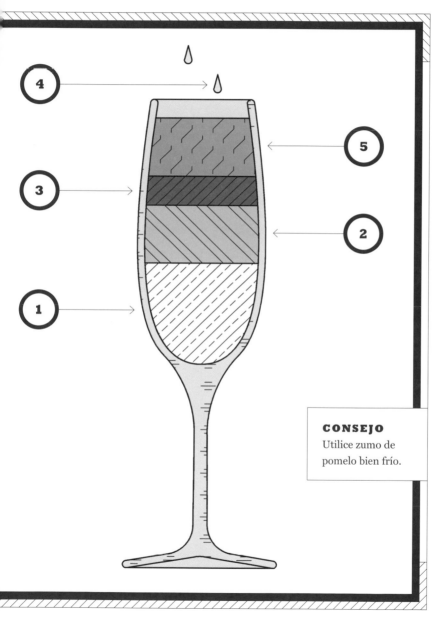

CONSEJO
Utilice zumo de
pomelo bien frío.

NAKED PEACH

Rosa, suave y afelpado: el humilde melocotón es la base de esta bebida, y si lo asa, acentuará su dulzor. El romero es un ingrediente extraño, pero combina muy bien aquí. La acidez de la lima lo une todo y el generoso contenido en azúcar convierte este cóctel en una delicia.

INGREDIENTES

1	un melocotón asado o muy maduro (véase el consejo)	1
2	azúcar moreno claro	1 cucharadita
3	zumo de lima, recién exprimido	15 ml
4	ginebra	60 ml
5	raspadura de lima	una pizca
6	sirope de romero casero (página 49)	15 ml
7	limonada fría	para llenar
8	rodajas de melocotón	para decorar
9	romero	para decorar

UTENSILIOS Batidora, colador, coctelera

ELABORACIÓN Triture el melocotón asado con el azúcar y el zumo de lima, luego cuélelo. Agite la ginebra, el puré de melocotón, la raspadura de lima y el sirope con hielo y vierta en la copa. Acabe de llenar con limonada fría y decore con rodajas de melocotón y romero.

SIRVA EN: COPA
POMPADOUR

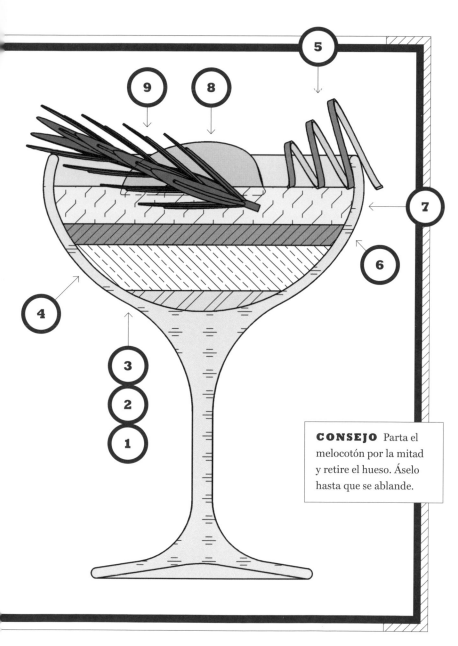

CONSEJO Parta el melocotón por la mitad y retire el hueso. Áselo hasta que se ablande.

TÉ HELADO DE LONG ISLAND

Una taza de té caliente y un poco de vodka parece una combinación... rara. Deshágase del té, cámbielo por un cubo de alcohol y hielo, y se convertirá en una bebida elegante y artística.

INGREDIENTES:

1	ginebra	30 ml
2	vodka	30 ml
3	ron claro	30 ml
4	tequila	30 ml
5	zumo de limón, recién exprimido	30 ml
6	licor de naranja	30 ml
7	cola	un chorrito
8	rodaja de lima	para decorar
9	rodaja de limón	para decorar

UTENSILIOS Cuchara coctelera

ELABORACIÓN Eche todos los ingredientes en un vaso lleno de cubitos de hielo, remueva y añada las rodajas de cítricos. Sirva con una pajita.

SIRVA EN:
VASO LARGO

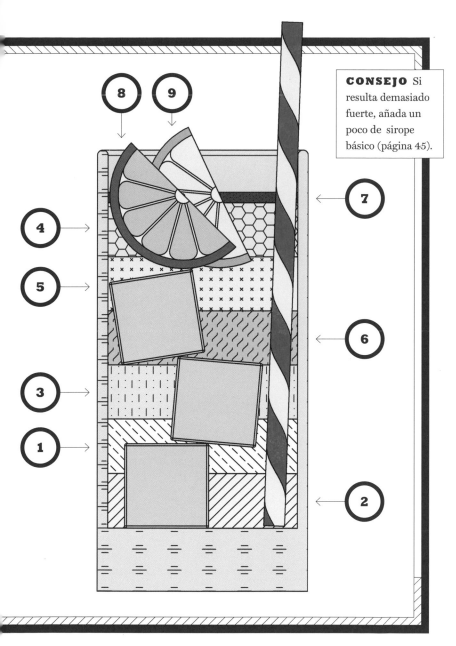

CONSEJO Si resulta demasiado fuerte, añada un poco de sirope básico (página 45).

GIN RICKEY

Simple, fuerte, refrescante y –con dos en el cuerpo– mareante. Modifique la proporción de azúcar y lima a su gusto, pero un buen Rickey debe resultar ácido, intenso y fuerte.

INGREDIENTES

1	ginebra	60 ml
2	zumo de lima, recién exprimido	1 cucharada
3	sirope básico casero (página 45)	1 cucharada
4	soda	para llenar
5	cuña de lima	para decorar

UTENSILIOS Cuchara coctelera

ELABORACIÓN Eche la ginebra, el zumo de lima y el sirope en el vaso lleno de cubitos. Remueva, acabe de llenar con soda y decore con la lima. Sirva con una pajita.

SIRVA EN:
VASO LARGO

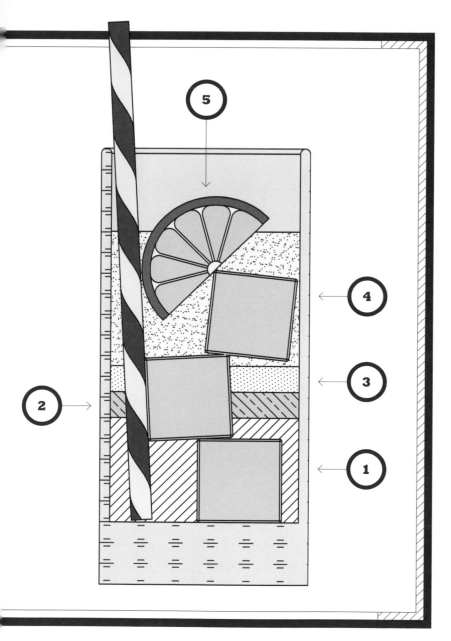

NEGRONI

Una versión más dura e intensa del Americano, creada en Florencia, donde un héroe del mundo del cóctel dio con la idea de cambiar la soda por ginebra. ¡Un tipo genial!

INGREDIENTES

1	ginebra	30 ml
2	vermut dulce	30 ml
3	Campari	60 ml
4	tira de piel de naranja	para decorar

UTENSILIOS Vaso mezclador, colador

ELABORACIÓN Mezcle la ginebra, el vermut y el Campari en el vaso mezclador con hielo. Cuele el contenido en un vaso corto sobre un buen trozo de hielo. Decore con la piel de naranja.

SIRVA EN:
VASO CORTO

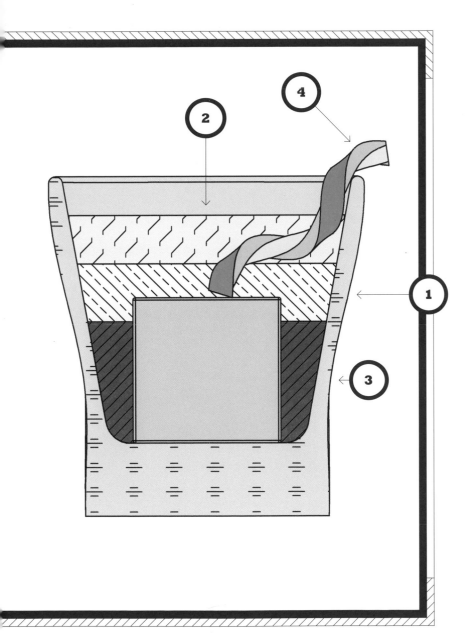

GIMLET

El cóctel original de ginebra y zumo: potente. Se puede cambiar el zumo de lima por el de otro cítrico.

INGREDIENTES

1	ginebra	60 ml
2	zumo de lima, recién exprimido	15 ml

UTENSILIOS Coctelera, colador

ELABORACIÓN Agite los ingredientes con hielo y vigor y cuele el contenido en una copa refrigerada con un par de cubitos.

SIRVA EN: COPA
POMPADOUR O
COPA MARTINI

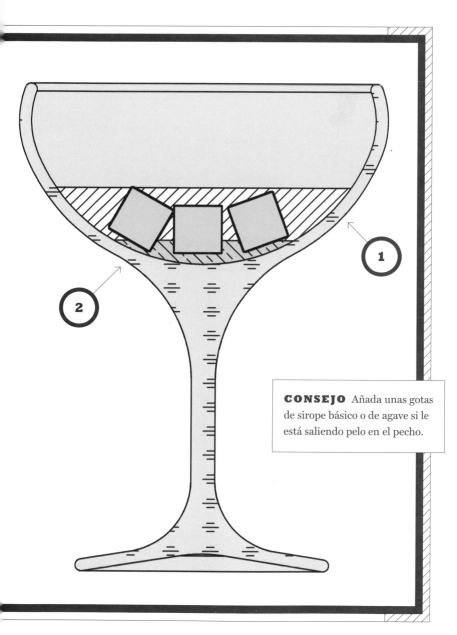

CONSEJO Añada unas gotas de sirope básico o de agave si le está saliendo pelo en el pecho.

BEACH HOUSE

Este cóctel típico de las islas Barbados es un combinado exótico encubierto. Tiene aspecto de simple gin-tonic, pero lleva agua de coco en lugar de tónica. Fresco y dulce, su sabor engaña acerca de su contenido alcohólico.

INGREDIENTES

1	ginebra	60 ml
2	zumo de lima, recién exprimido	15 ml
3	agua de coco fría	para llenar
4	rodaja de lima	para decorar

UTENSILIOS Cuchara coctelera

ELABORACIÓN Vierta la ginebra y el zumo de lima en un vaso largo con hielo picado. Llene de agua de coco hasta arriba. Decore con un agitador y una rodaja de lima.

SIRVA EN:
VASO LARGO

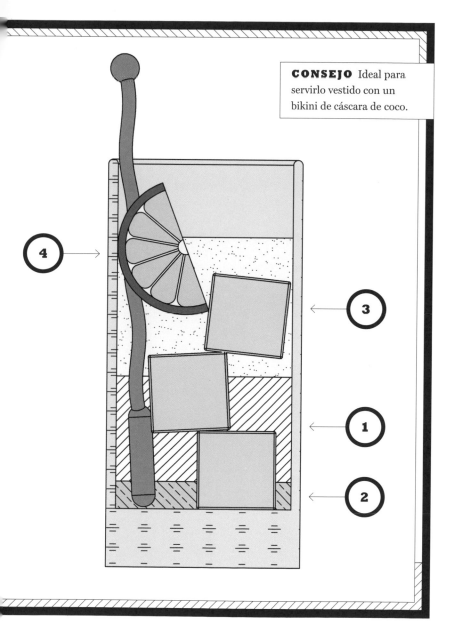

CONSEJO Ideal para servirlo vestido con un bikini de cáscara de coco.

4

3

1

2

MARTINI CON EARL GREY

El hielo es imprescindible para este combinado, la temperatura rebaja la dureza de los licores y potencia las hojas de té aromatizadas con aceite de bergamota. Dicho sin glamur, solo son un par de dosis de alcohol con una bolsa de té. Todo depende de los ojos con que se mire.

INGREDIENTES

1	ginebra	30 ml
2	vodka	30 ml
3	bolsita de té Earl Grey de calidad	1
4	bíter de naranja	unas gotas
5	piel de naranja	para decorar

UTENSILIOS Coctelera

ELABORACIÓN Vierta la ginebra y el vodka sobre una bolsita de té Earl Grey a temperatura ambiente. Deje que haga infusión durante al menos 30 minutos y luego retírela. Agregue el bíter, agite vigorosamente con hielo y sirva en un vaso tiki o una taza de cristal con piel de naranja para decorar.

SIRVA EN: VASO TIKI O TAZA DE CRISTAL

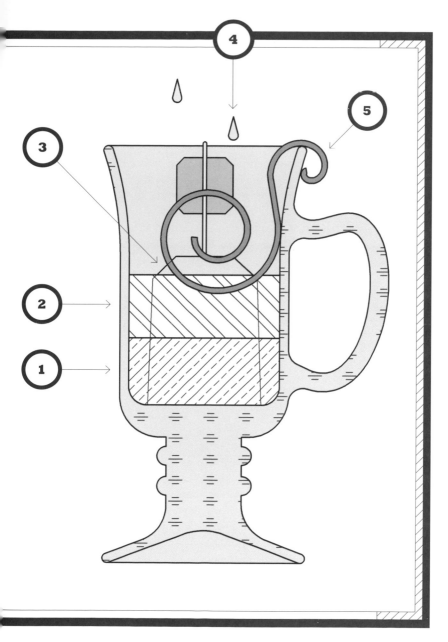

GIN FIZZ DE PEPINO Y MENTA

Se puede hacer casi cualquier cosa con un pepino, pero esta se halla entre las cinco mejores. El secreto consiste en aromatizar la ginebra el mayor tiempo posible y servir el combinado bien frío.

INGREDIENTES

1	ramita de menta fresca	1
2	pepino, cortado en bastones	1
3	ginebra	60 ml
4	zumo de limón, recién exprimido	unas gotas
5	tónica fría	para llenar

UTENSILIOS Majadero, jarra, colador

ELABORACIÓN Chafe la menta con el majadero y échela en la jarra junto con casi todos los trozos de pepino. Cubra con ginebra y deje reposar 2 horas en la nevera. Llene un vaso largo o corto con unos cuantos cubitos, añada un bastón de pepino y el zumo de limón, y cuele la ginebra aromatizada y refrigerada en el vaso. Llene hasta arriba de tónica bien fría.

SIRVA EN:
VASO LARGO
O VASO CORTO

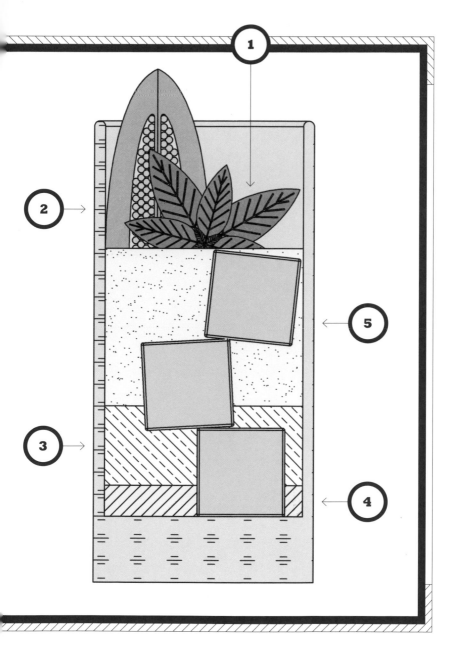

GREYHOUND DE JENGIBRE

Refrescantemente simple, el Greyhound clásico solo consta de dos elementos –ginebra y zumo–, pero esta versión incluye sirope de jengibre para aportar calidez y suavizarlo.

INGREDIENTES

1	ginebra	60 ml
2	zumo de pomelo, recién exprimido	100 ml
3	sirope de azúcar moreno especiado (página 47)	unas gotas
4	jengibre caramelizado rallado	para decorar

UTENSILIOS Coctelera

ELABORACIÓN Agite los ingredientes líquidos con cubitos y vigor, y vierta en una copa refrigerada. Acabe con un poco de jengibre caramelizado rallado por encima.

SIRVA EN: COPAS
POMPADOUR
O MARTINI

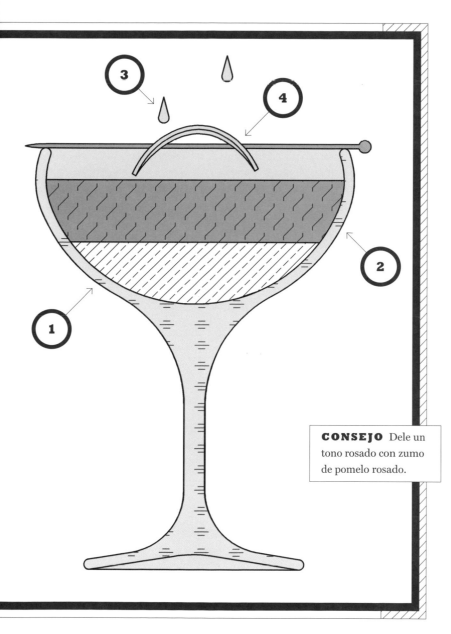

CONSEJO Dele un tono rosado con zumo de pomelo rosado.

PONCHE DE CERVEZA Y MIEL

Una versión dulce, a la cerveza, del Té Helado de Long Island con ginebra, miel y cerveza de calidad que conforma un ponche individual de trago fácil. Añada más miel, al gusto.

INGREDIENTES

1	miel	1 cucharadita
2	agua caliente	unas gotas
3	zumo de limón, recién exprimido	15 ml
4	ginebra	60 ml
5	cerveza fría de calidad	para llenar
6	rodaja de limón	para decorar

UTENSILIOS Vaso mezclador

ELABORACIÓN Derrita una cucharada generosa de miel en el vaso mezclador con un toque de agua caliente y déjelo templar. Viértalo en el vaso ya listo con cubitos, zumo de limón y ginebra. Añada cerveza fría hasta arriba y decórelo con una rodaja de limón.

SIRVA EN:
VASO LARGO

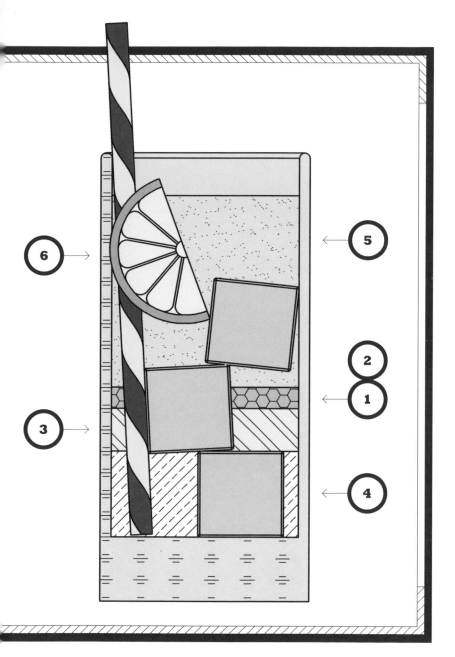

GILBERT GRAPE

Si asa las uvas, conseguirá un sabor intenso de uva pasa –como de vino dulce–. El tomillo fresco aporta un aroma herbal y el jengibre añade un toque picante.

INGREDIENTES

1	uvas blancas sin semillas	un puñado
2	ramitas de tomillo fresco	2-3
3	azúcar moreno claro	1 cucharada
4	ginebra	60 ml
5	sirope de azúcar moreno especiado (página 47)	30 ml
6	zumo de lima, recién exprimido	15 ml
7	soda fría	para llenar
8	rama de tomillo fresco	para decorar

UTENSILIOS Majadero, coctelera, colador

ELABORACIÓN Ase las uvas enteras hasta que se ablanden y caramelicen. Déjelas templar y luego cháfelas con el tomillo y el azúcar. Añada la ginebra, el sirope y el zumo de lima y agite. Cuele en un vaso largo lleno de hielo y acabe de llenarlo con soda. Decore con más tomillo fresco.

SIRVA EN:
VASO LARGO

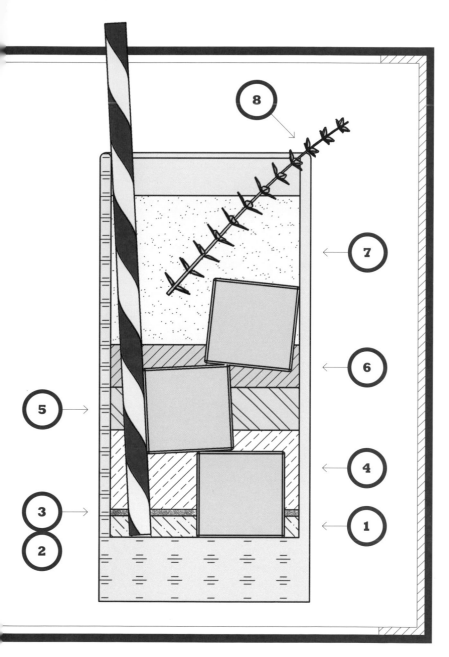

RAMOS GIN FIZZ CON RUIBARBO Y ROSA

Inspirado por el legendario creador de cócteles Herny C. Ramos, autor en 1888 del Ramos Gin Fizz de Nueva Orleans, tal vez sea el combinado más afectado de esta colección. Esta bebida de tono rosa pastel y aroma delicadamente perfumado es deliciosa sin complejos. Es como una fiesta de pijamas ligera de ropa servida en una copa.

INGREDIENTES

1	ginebra	60 ml
2	sirope de ruibarbo, jengibre y anís (página 46)	60 ml
3	nata líquida para cocinar	30 ml
4	zumo de lima, recién exprimido	15 ml
5	zumo de limón, recién exprimido	15 ml
6	clara de huevo	1
7	agua de rosas	unas gotas
8	soda fría	para llenar

UTENSILIOS Coctelera, colador

ELABORACIÓN Agite los ingredientes líquidos –excepto la soda– durante 30 segundos, luego añada hielo y agítelos otros 30 segundos. Cuele en una copa y acabe de llenar con soda.

SIRVA EN: COPA POMPADOUR

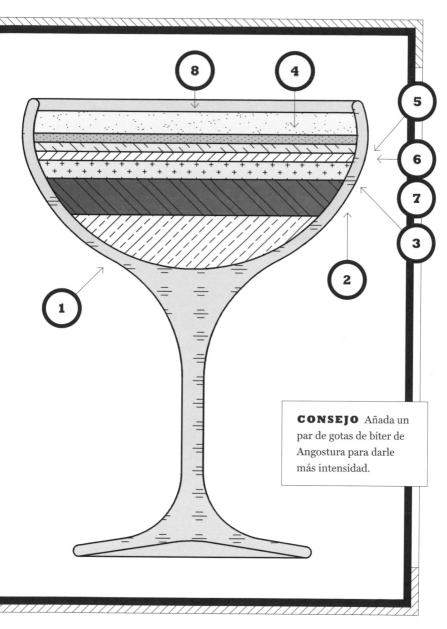

CONSEJO Añada un par de gotas de bíter de Angostura para darle más intensidad.

MARTINI DE SAÚCO

El clásico Martini de ginebra, reinventado con St-Germain, el licor de saúco. El zumo de limón rebaja el dulzor y las hojas de menta confieren un aroma fresco y herbal al combinado.

INGREDIENTES

1	ginebra	30 ml
2	vodka	30 ml
3	St-Germain	30 ml
4	zumo de limón, recién exprimido	15 ml
5	rama de menta	para decorar

UTENSILIOS Coctelera, colador

ELABORACIÓN Agite los ingredientes líquidos con hielo y luego cuélelos en una copa. Decore con una ramita de menta.

SIRVA EN:
COPAS MARTINI
O POMPADOUR

CONSEJO Añada unas gotas de sirope de menta o sirope básico (página 45), al gusto.

NEGRONI DE GIN DE ENDRINAS CON TEMPRANILLO

Intenso, con ginebra aromatizada con endrinas y dulce reducción de tempranillo, este combinado es una adaptación invernal del cóctel estival prototípico.

INGREDIENTES

1	ginebra al aroma de endrinas y anís (página 42)	30 ml
2	reducción de tempranillo (página 44)	30 ml
3	Campari	60 ml
4	piel de naranja	para decorar

UTENSILIOS Vaso mezclador, colador

ELABORACIÓN Remueva los ingredientes en el vaso mezclador con hielo. Cuele en un vaso lleno de cubitos. Decore con la piel de naranja.

SIRVA EN:
VASO CORTO

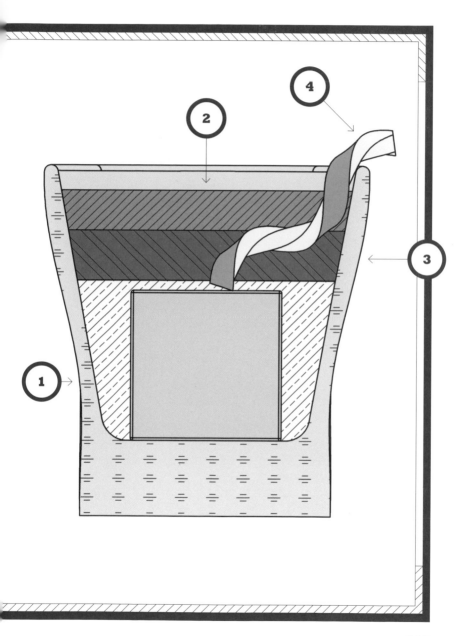

GIN FIZZ
DE UVA ESPINA

La uva espina es un fruto endiablado: de color verde vistoso, de aspecto venoso y tan ácida como agria. Pero chafada con azúcar moreno se transforma en algo maravilloso. Este Gin Fizz es dulce, sutilmente perfumado y de estimulante acidez.

INGREDIENTES

1	uvas espinas frescas	un puñado
2	azúcar moreno claro	1 cucharada
3	ginebra	60 ml
4	licor de saúco	30 ml
5	zumo de lima, recién exprimido	15 ml
6	limonada con gas fría	para llenar
7	uvas espinas frescas	para decorar

UTENSILIOS Majadero, coctelera, colador

ELABORACIÓN Maje las uvas con el azúcar, añada la ginebra, el licor de saúco y el zumo de lima, y agite. Cuele en un vaso lleno de hielo y acabe de llenarlo con limonada. Decore con uvas espinas frescas cortadas.

SIRVA EN:
VASO LARGO

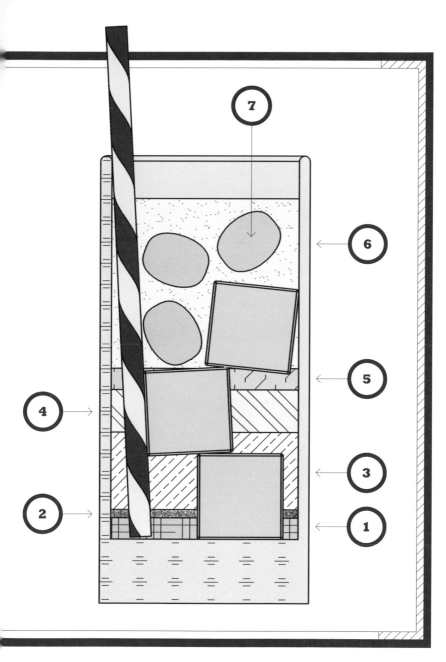

099

MARTINI CON LAUREL Y TÉ VERDE

El clásico Martini, con una ginebra de excelente calidad y muy seca, con laurel y té verde, que le aportan un tono herbal y leñoso bastante firme.

INGREDIENTES

1	bolsita de té verde de calidad	1
2	vodka	30 ml
3	ginebra al laurel (página 43)	60 ml
4	zumo de limón, recién exprimido	15 ml
5	hoja de laurel	para decorar

UTENSILIOS Coctelera, colador

ELABORACIÓN Sumerja la bolsa de té verde en el vodka a temperatura ambiente durante 30 minutos y luego retírela. Agite los ingredientes líquidos con hielo y cuele el líquido en una copa. Añada el zumo de limón y decore con la hoja de laurel.

SIRVA EN: COPAS MARTINI O POMPADOUR O VASO CORTO

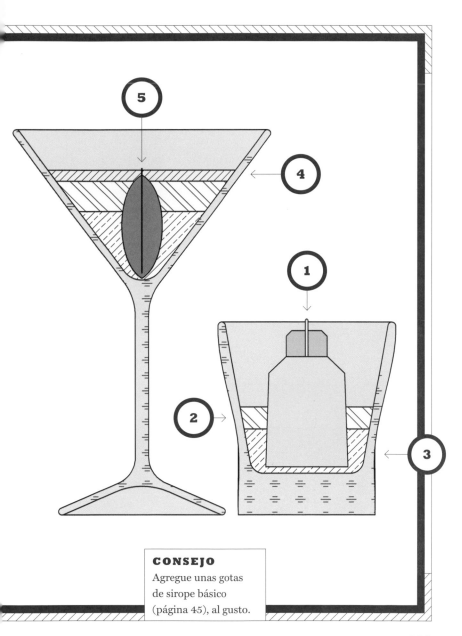

CONSEJO

Agregue unas gotas
de sirope básico
(página 45), al gusto.

REINA MADRE

Se cree que la ginebra con Dubonnet (el aperitivo dulce de licor de vino) era la combinación preferida de la Reina Madre de Inglaterra, ¿y quién va a poner objeciones? Considere este potente cóctel real como un Negroni dulce con buqué de agua de azahar.

INGREDIENTES

1	ginebra	60 ml
2	Dubonnet	60 ml
3	agua de azahar	unas gotas
4	bíter de Angostura	unas gotas
5	piel de naranja	para decorar

UTENSILIOS Vaso mezclador, colador

ELABORACIÓN Vierta los ingredientes líquidos en el vaso mezclador y remuévalos con hielo, luego cuélelos en un vaso corto o copa Pompadour sobre un trozo de hielo. Decore con una tira larga de piel de naranja.

SIRVA EN: VASO CORTO O COPA POMPADOUR

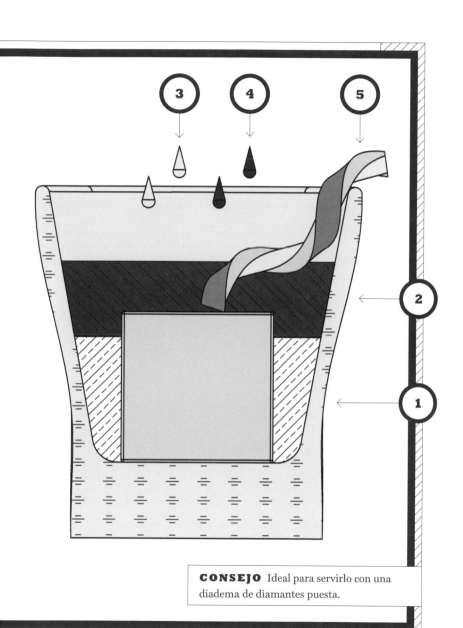

CONSEJO Ideal para servirlo con una diadema de diamantes puesta.

RUDOLPH

Ginebra, licor de saúco y champán frío: un cóctel perfecto para las fiestas navideñas, con una hilera de narices rojas, como la del reno Rudolph, para más sensiblería. Queda fenomenal en una copa Martini o Pompadour.

INGREDIENTES

1	ginebra	60 ml
2	St-Germain	30 ml
3	champán frío	para llenar
4	grosellas rojas frescas	para decorar

ELABORACIÓN Vierta la ginebra y el licor de saúco en la copa refrigerada, llene hasta arriba de champán y decore con una hilera de grosellas rojas frescas.

SIRVA EN: COPAS
POMPADOUR
O MARTINI

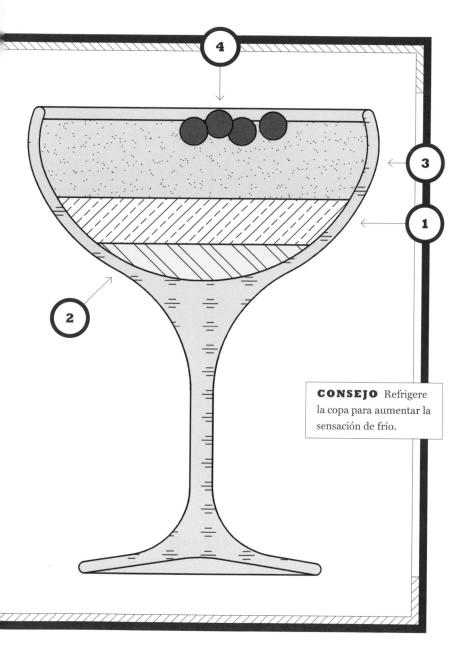

CONSEJO Refrigere la copa para aumentar la sensación de frío.

DIRTY MARTINI

Esta es una de las mejores maneras de tomar la ginebra: una bebida perfectamente refrigerada, aromática y con un toque de vermut seco y salmuera. Utilice aceitunas o alcaparras de calidad y sea generoso con la salmuera. No podrá evitar una hacer mueca al beber. Absolutamente sucio.

INGREDIENTES

1	ginebra	60 ml
2	vermut seco	30 ml
3	salmuera de aceitunas	al gusto
4	aceitunas	para decorar

UTENSILIOS Coctelera, colador

ELABORACIÓN Agite la ginebra con el vermut con hielo, cuélelo y viértalo en una copa. Añada la salmuera a cucharadas y échele una o dos aceitunas.

SIRVA EN: COPAS
MARTINI
O POMPADOUR

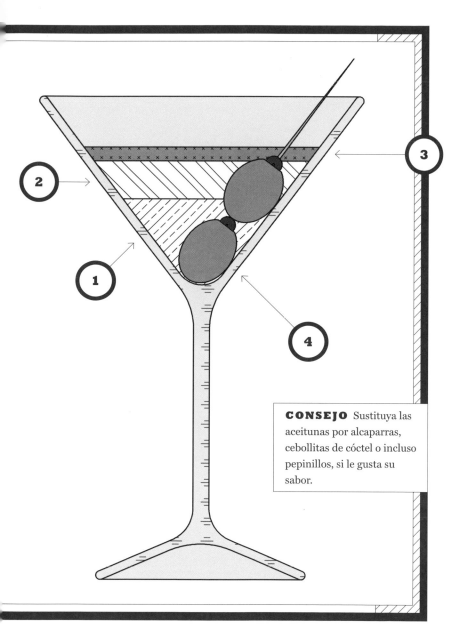

CONSEJO Sustituya las aceitunas por alcaparras, cebollitas de cóctel o incluso pepinillos, si le gusta su sabor.

SUMMER BLUEBERRY

Gran mezcla: sin complicaciones, de un brillante tono morado y salpicado con hierbas aromáticas. Utilice arándanos congelados para alargar el verano todo el año.

INGREDIENTES

1	ginebra	60 ml
2	vodka	30 ml
3	arándanos congelados	un buen puñado
4	zumo de lima, recién exprimido	15 ml
5	sirope de menta casero (página 49)	unas gotas
6	hojas frescas de menta	8–10
7	agua mineral fría	para aligerar
8	rama de menta fresca	para decorar
9	unos cuantos arándanos enteros	para decorar

UTENSILIOS Batidora, paja ancha

ELABORACIÓN Bata la ginebra, vodka, arándanos, zumo de lima, sirope y hojas de menta juntos. Añada un poco de agua mineral para aligerar el líquido. Vierta en un vaso lleno de hielo, decore con una ramita de menta y unos arándanos enteros y sirva con una paja.

SIRVA EN:
VASO LARGO

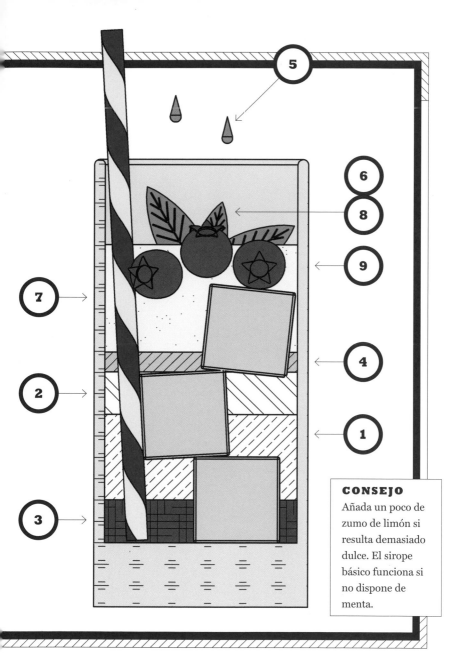

COLBY

Este cóctel seco, de tono rubí, con un toque de saúco, es una interpretación del Cosmopolitan extremadamente potente. Recibe el nombre del mejor actor pelirrojo del mundo, Colby Keller. Un cóctel con mucho músculo.

INGREDIENTES

1	ginebra	60 ml
2	St-Germain	30 ml
3	zumo de limón, recién exprimido	15 ml
4	zumo de arándano rojo	90 ml
5	bíter de naranja	unas gotas
6	arándanos rojos frescos	para decorar

UTENSILIOS Coctelera, colador

ELABORACIÓN Agite los ingredientes líquidos con hielo, cuélelos en una copa y decore con los arándanos frescos.

SIRVA EN: COPA MARTINI,
VASO CORTO O COPA
POMPADOUR

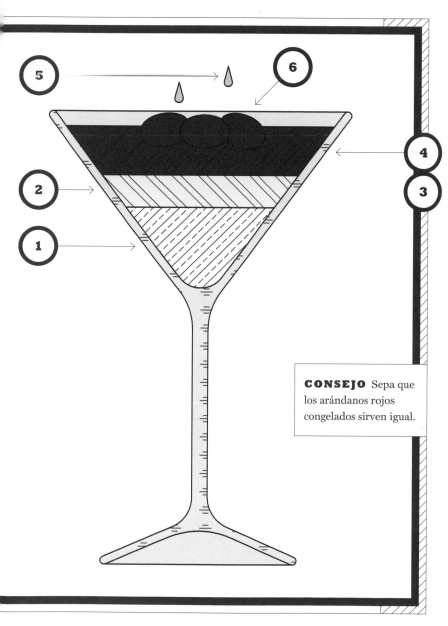

CONSEJO Sepa que los arándanos rojos congelados sirven igual.

BRAMBLE

Imagine un seto otoñal inglés licuado en un vaso. Este cóctel fresco y herbal adornado con bayas es ideal con hielo picado o bien puede alargarse con soda fría.

INGREDIENTES

1	moras frescas	un puñado
2	ginebra	60 ml
3	zumo de limón, recién exprimido	15 ml
4	sirope básico casero (página 45)	un chorrito
5	hielo picado	un puñado
6	licor de moras	un chorrito
7	moras frescas	para decorar
8	ramita de menta fresca	para decorar

UTENSILIOS Majadero

ELABORACIÓN Maje suavemente las moras frescas con ginebra, zumo de limón y sirope en un vaso. Añada hielo picado y un buen chorrito de licor de moras. Decore con las moras frescas y la menta.

SIRVA EN:
VASOS CORTO
O LARGO

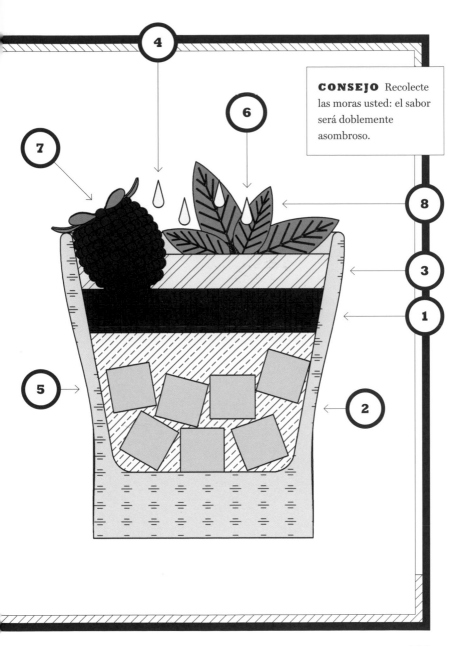

CONSEJO Recolecte las moras usted: el sabor será doblemente asombroso.

113

CHERRY FRENCH 75

Esta bebida combina dos cosas maravillosas: es francesa y lleva cerezas. Este cóctel clásico, acentuado con un toque frutal, es fresco e intenso y con un ligero punto de aguja.

INGREDIENTES

1	cerezas pequeñas maduras deshuesadas	un puñado
2	licor Cherry Heering	15 ml
3	zumo de limón, recién exprimido	15 ml
4	agua de rosas	unas gotas
5	ginebra	60 ml
6	prosecco frío	para llenar
7	una cereza	para decorar

UTENSILIOS Majadero, coctelera, colador

ELABORACIÓN Maje suavemente las cerezas con el licor Cherry Heering, el zumo de limón y el agua de rosas. Añada la ginebra y agite con hielo. Cuele en una copa y acabe de llenarla con el prosecco. Decore con una sola cereza.

SIRVA EN: COPAS POMPADOUR O MARTINI

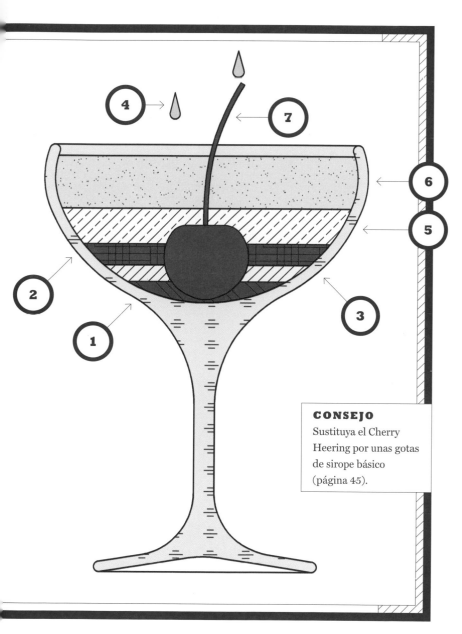

CONSEJO
Sustituya el Cherry
Heering por unas gotas
de sirope básico
(página 45).

GIBSON

Esta bebida asegura pelo en el pecho y cebolla en el aliento. Considérela un Martini clásico potenciado con cebollitas de aperitivo; si se atreve, pruébelo con un poco de salmuera. Al tratarse de una receta simple, conviene usar una ginebra de calidad.

INGREDIENTES

1	ginebra	60 ml
2	vermut seco	15 ml
3	cebollitas de aperitivo	2-3, para decorar

UTENSILIOS Coctelera

ELABORACIÓN Agite la ginebra y el vermut con hielo, viértalo en una copa refrigerada y añada 2 o 3 cebollitas.

SIRVA EN: COPAS
MARTINI
O POMPADOUR

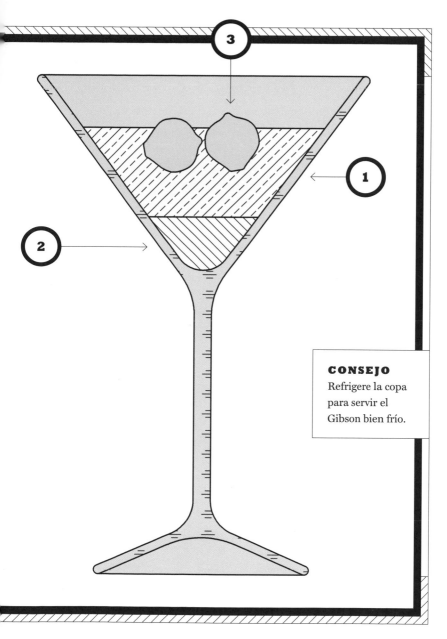

CONSEJO
Refrigere la copa
para servir el
Gibson bien frío.

NEW FASHIONED

Esta versión del clásico Old Fashioned sustituye el whisky por una ginebra de calidad; los bíteres le aportan un tono dorado pálido. Utilice una ginebra muy aromática, piel de lima fresca y un trozo de hielo grueso e irregular.

INGREDIENTES

1	ginebra de excelente calidad	60 ml
2	sirope básico casero (página 45)	un chorrito
3	bíter de Angostura	unas gotas
4	bíter de naranja	unas gotas
5	una tira larga de piel de lima	para decorar

ELABORACIÓN Vierta la ginebra y el sirope en un vaso sobre un buen trozo de hielo. Añada los bíteres y decore con una tira de piel de lima.

SIRVA EN:
VASO CORTO

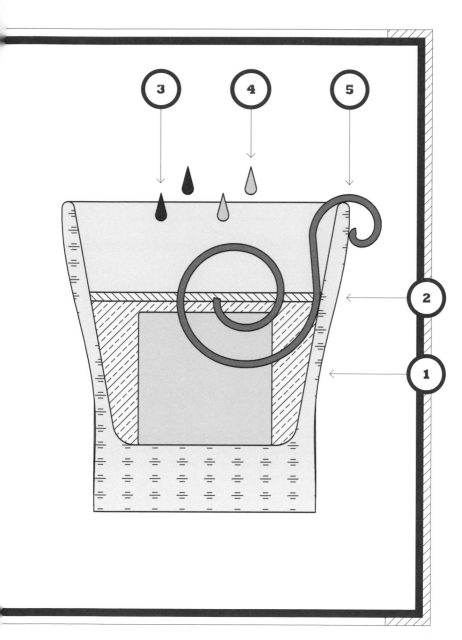

GIN-TONIC PERFECTO

Esta es la bebida más perfecta del mundo. Cada bebedor prepara este cóctel clásico a su manera, pero el secreto es emplear una receta sencilla. Ah, y no olvide potenciar el aroma cítrico con zumo de lima natural y una o dos gotas de bíter de naranja.

INGREDIENTES

1	ginebra	60 ml
2	zumo de lima, recién exprimido	un chorrito
3	un bastón de pepino	para decorar
4	tónica de calidad fría	para llenar
5	bíter de naranja	unas gotas

UTENSILIOS Cuchara coctelera

ELABORACIÓN Ponga la ginebra, el zumo de lima y el pepino en un vaso largo lleno de cubitos de hielo y remueva con la cuchara. Acabe de llenar con la tónica y añada unas gotas de bíter de naranja. Sirva con una pajita.

SIRVA EN:
VASO LARGO

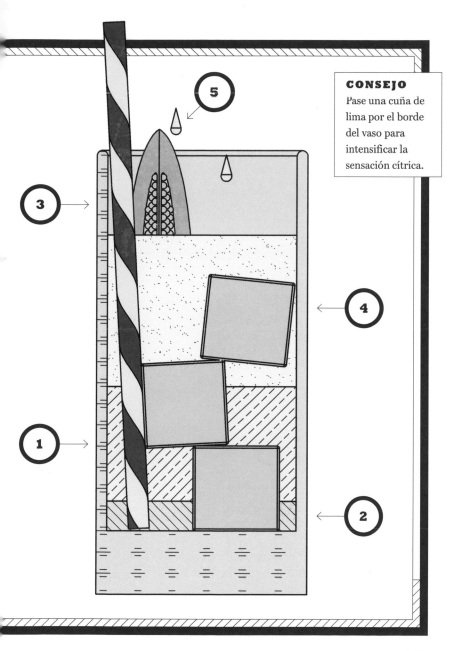

CONSEJO
Pase una cuña de lima por el borde del vaso para intensificar la sensación cítrica.

GIN-TONIC DE SANDÍA

Un cóctel clásico transformado con sandía fresca, tónica de saúco, menta y ginebra seca de calidad. Sírvalo en las barbacoas de verano y observe como los adultos se apoderan de la cama elástica. Muy potente.

INGREDIENTES

1	ginebra	60 ml
2	zumo de sandía, recién licuado	60 ml
3	zumo de limón, recién exprimido	unas gotas
4	tónica de saúco de calidad bien fría	para llenar
5	triángulo de sandía	para decorar
6	rama de menta fresca	para decorar

UTENSILIOS Coctelera, colador

ELABORACIÓN Agite la ginebra, el zumo de sandía y el zumo de limón con hielo. Cuélelo en una vaso lleno de hielo y acabe de llenar con tónica. Decore con un pequeño triángulo de sandía y menta. Sírvalo con una pajita.

SIRVA EN:
VASO LARGO

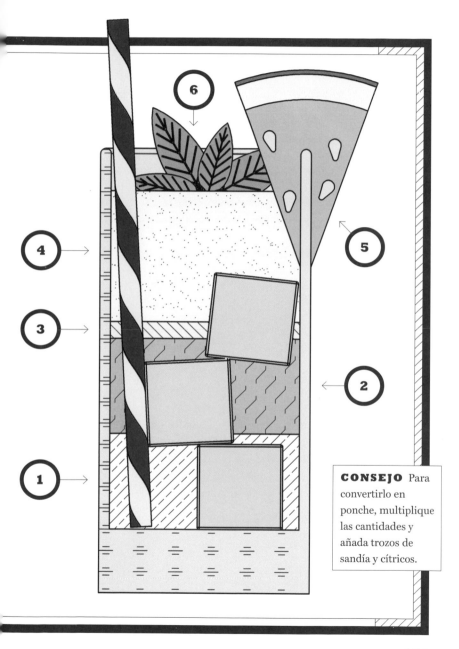

CONSEJO Para convertirlo en ponche, multiplique las cantidades y añada trozos de sandía y cítricos.

GIN-TONIC DE SANGUINA

Un gin-tonic rojo con un poco de sirope de jengibre para darle un toque picante. Utilice tónica de calidad, o cerveza de jengibre, si le gusta su sabor especiado.

INGREDIENTES

1	ginebra	60 ml
2	sirope de azúcar moreno especiado (página 47)	unas gotas
3	zumo de naranja sanguina, recién exprimido	60 ml
4	zumo de lima, recién exprimido	unas gotas
5	tónica de calidad fría	para llenar
6	piel de naranja	para decorar

UTENSILIOS Coctelera, colador

ELABORACIÓN Agite la ginebra, el sirope, el zumo de sanguina y el zumo de lima con hielo. Cuélelo en un vaso largo lleno de hielo y acabe de llenar con tónica de calidad. Decore con piel de naranja.

SIRVA EN:
VASO LARGO

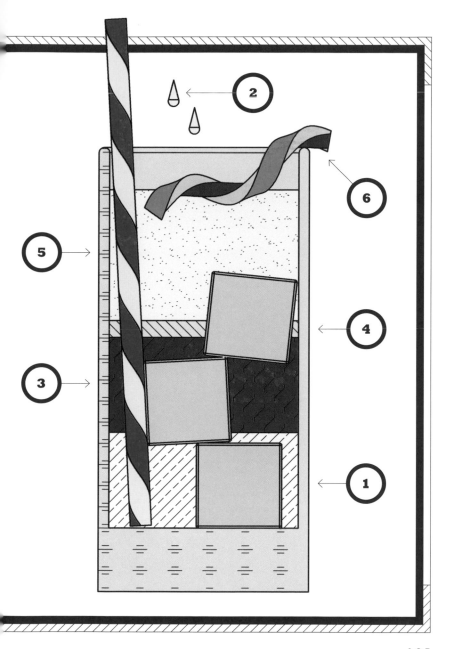

SOUTHSIDE

Se dice que este clásico de la época de la Prohibición nació en el Club 21, en Nueva York, inspirado en una versión larga servida sobre hielo picado que tomaban los mafiosos. Posee un sabor fresco, intenso y algo así como ilegal.

INGREDIENTES

1	ramas de menta fresca	2–3
2	ginebra	60 ml
3	zumo de lima, recién exprimido	30 ml
4	sirope básico casero (página 45)	15 ml
5	ramita de menta fresca	para decorar

UTENSILIOS Majadero, coctelera, colador

ELABORACIÓN Maje suavemente la menta. Agite los ingredientes con hielo y cuele el líquido en una copa. Decore con una ramita de menta fresca.

SIRVA EN: COPAS
POMPADOUR
O MARTINI

CONSEJO

Vístase como un
mafioso de la
década de 1930
antes de beber.

WHITE LADY

Este es un clásico cóctel de sabor fuerte y notas de naranja con un buen toque de zumo de limón. Sencillo, potente y bastante ácido.

INGREDIENTES

1	ginebra	60 ml
2	Cointreau	15 ml
3	zumo de limón, recién exprimido	15 ml

UTENSILIOS Coctelera

ELABORACIÓN Agite con hielo y sirva.

SIRVA EN: COPA
POMPADOUR

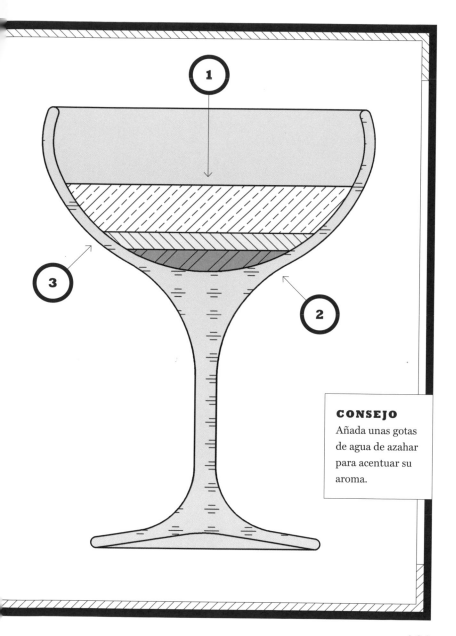

CONSEJO
Añada unas gotas
de agua de azahar
para acentuar su
aroma.

NICE PEAR

Nada como una buena pera madura. Este cóctel aplica esta premisa incorporando zumo de pera recién licuado, una nota picante de jengibre y ginebra de la mejor calidad.

INGREDIENTES

1	zumo de pera, recién licuado	60 ml
2	ginebra de calidad	60 ml
3	sirope de azúcar moreno especiado (página 47)	15 ml
4	jengibre caramelizado rallado	para decorar
5	ramita de menta fresca	para decorar

UTENSILIOS Coctelera, colador

ELABORACIÓN Agite los ingredientes líquidos con hielo y cuélelos en una copa. Ralle el jengibre caramelizado por encima y añada una ramita de menta para decorar.

SIRVA EN: COPA
POMPADOUR

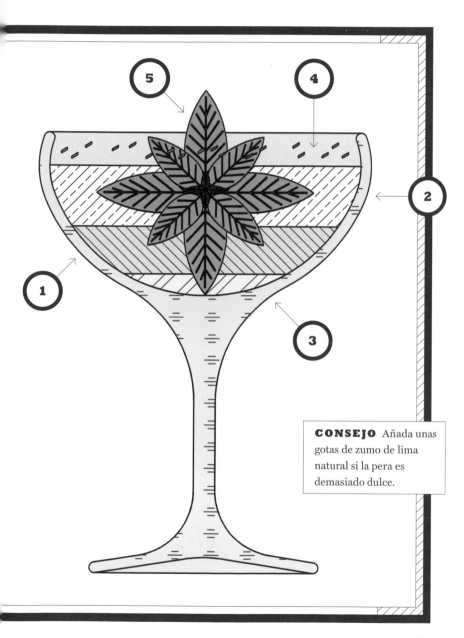

CONSEJO Añada unas gotas de zumo de lima natural si la pera es demasiado dulce.

GIN & JAM

Piénselo: la mermelada es la mejor aliada de la ginebra. Es una combinación de fruta y azúcar perfecta para incorporar las notas agridulces que posee un cóctel perfecto. Además, uno disfruta de la agradable travesura de mezclar una cucharada de la confitura preferida con alcohol y tomarla con hielo.

INGREDIENTES

1	ginebra	60 ml
2	zumo de limón, recién exprimido	30 ml
3	mermelada de frambuesa	2 cucharaditas
4	sirope básico casero (página 45)	15 ml
5	ramita de menta fresca	para decorar

UTENSILIOS Coctelera, colador

ELABORACIÓN Agite la ginebra, el zumo de limón, 1 cucharadita de mermelada y el sirope con hielo. Cuele en un vaso lleno de hielo picado, mezcle el resto de mermelada y decore con la menta. Prescinda del sirope si no es goloso.

SIRVA EN:
VASOS CORTO
O LARGO

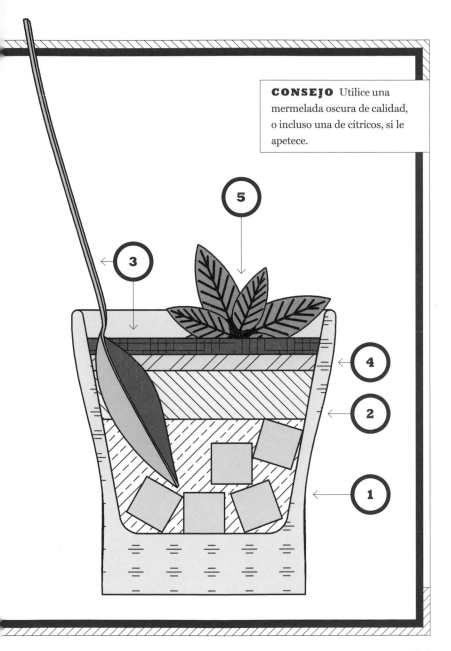

CONSEJO Utilice una mermelada oscura de calidad, o incluso una de cítricos, si le apetece.

SNOOP
(GIN & JUICE)

En 1993, el rapero Snoop Dogg se refería al Gin & Juice (ginebra con zumo) en su primer álbum, *Doggystyle*, y el combinado antes asociado a las abuelas de repente se erigió en bebida de malote. Es potente y la canela aún lo enciende más. El zumo de cítricos debe ser recién exprimido.

PARA 10–12 personas

INGREDIENTES

1	zumo de lima, recién exprimido	175 ml
2	sirope de canela (página 49)	175 ml
3	ginebra	750 ml
4	zumo de arándano rojo	350 ml
5	zumo de piña	350 ml
6	zumo de naranja, recién exprimido	350 ml
7	rodajas de naranja	para decorar
8	rodajas de lima	para decorar
9	trozos o rodajas de piña	para decorar

UTENSILIOS Jarra

ELABORACIÓN Vierta el zumo de lima, el sirope de canela y la ginebra en la jarra y remueva bien. Añada el resto de ingredientes líquidos sobre cubitos de hielo grandes. Decore con las rodajas de fruta.

SIRVA EN:
JARRA Y VASOS
DE PLÁSTICO

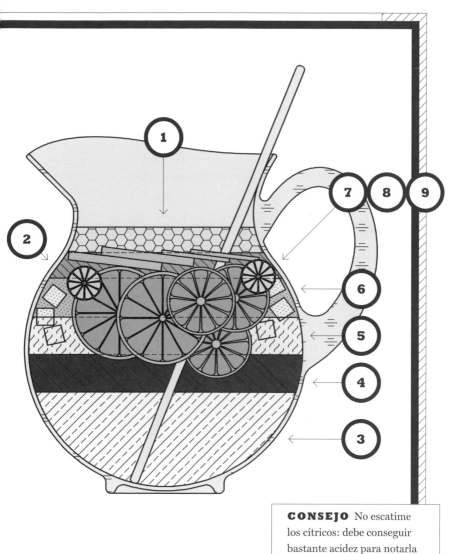

PONCHE DE GINEBRA Y APEROL

Este ponche veraniego, inspirado en el Negroni, utiliza zumo natural de pomelo rosado y Galliano, un licor italiano herbal, suave y dulce, para darle un sabor vivo, y prosecco frío para que uno se ponga bizco.

PARA 10–12 personas

INGREDIENTES

1	ginebra	1,25 litros (5 vasos)
2	Aperol	725 ml (3 vasos)
3	Galliano	250 ml (1 vaso)
4	zumo de lima, recién exprimido	500 ml (2 vasos)
5	zumo de pomelo rosado, recién exprimido	625 ml (2 ½ vasos)
6	bíter de naranja	un chorrito
7	prosecco frío	para llenar
8	rodajas finas de naranja	para decorar
9	rodajas finas de lima	para decorar

UTENSILIOS Ponchera o jarra

ELABORACIÓN Mezcle los ingredientes en una ponchera (con un bloque de hielo) o en una jarra (con hielo) y sirva en vasos de ponche o vasos cortos fríos.

SIRVA EN:
VASOS DE PONCHE
O CORTOS

PONCHE HONEY BEAR

A los osos les encanta la miel, y los humanos, la ginebra. ¿Por qué no combinarlas y añadirles prosecco para que todos –peludos o no– estén supercontentos? ¿Es cierto que sabe delicioso? Tan cierto como que el ponche te pone tibio y los osos hacen pis en el bosque.

PARA 10–12 personas

INGREDIENTES

1	ginebra	1,25 litros
2	sirope de miel (página 49)	250 ml
3	zumo de limón, recién exprimido	250 ml
4	bíter de Angostura	un chorrito
5	prosecco frío	para llenar
6	ramitas de salvia fresca	para decorar
7	rodajas finas de limón	para decorar

UTENSILIOS Ponchera o jarra

ELABORACIÓN Mezcle los ingredientes en una ponchera (con un bloque de hielo) o en una jarra (con hielo) y sirva en vasos de ponche o vasos cortos llenos de hielo.

SIRVA EN:
VASOS DE PONCHE
O CORTOS

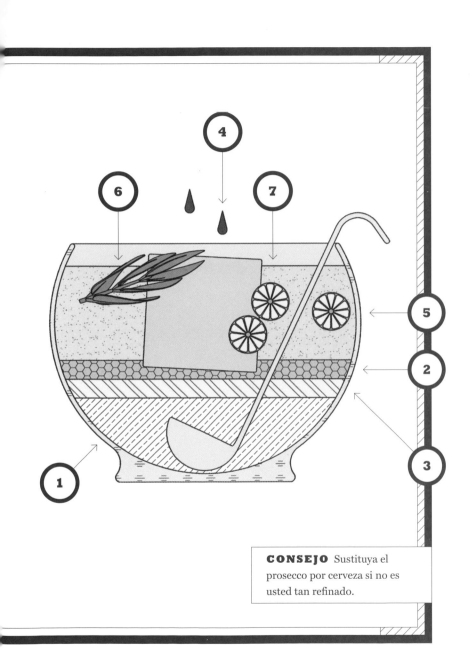

CONSEJO Sustituya el prosecco por cerveza si no es usted tan refinado.

PONCHE DICKENS

No todo va de refrescarse y saciar la sed en verano: el ponche caliente con ginebra es ideal para entrar en calor en invierno y posee historia literaria. Esta receta es parecida a la del ponche con que Mr. Micawber, el personaje de Charles Dickens en *David Copperfield*, coge el puntillo.

PARA 10–12 personas

INGREDIENTES

1	ginebra de calidad	750 ml
2	vino de Madeira	750 ml
3	clavos de olor enteros	unos cuantos
4	nuez moscada rallada	una pizca
5	canela molida	una buena pizca
6	sirope de azúcar moreno (página 47)	unas gotas
7	zumo de limón, recién exprimido	90 ml
8	rodajas de limón	para decorar
9	trozos de piña	1 piña pequeña
10	miel	4 cucharadas

UTENSILIOS Cazo de base gruesa

ELABORACIÓN Incorpore todos los ingredientes en el cazo y caliente suavemente durante unos 30 minutos, añadiendo un poco más de miel o limón al gusto. El sabor se intensifica con el tiempo de cocción. Sírvalo en tazas de ponche, o llene una tetera con el ponche si lo desea.

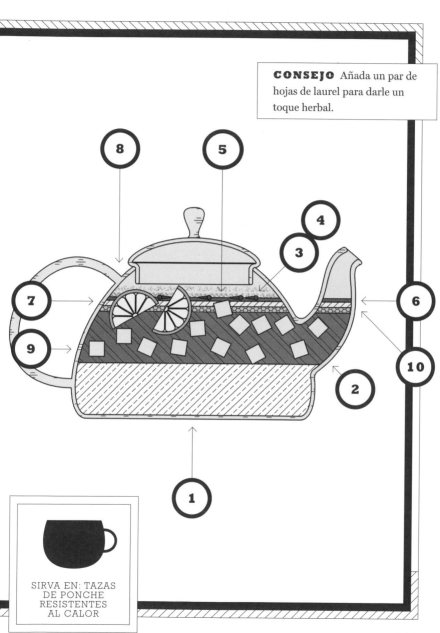

CONSEJO Añada un par de hojas de laurel para darle un toque herbal.

SIRVA EN: TAZAS DE PONCHE RESISTENTES AL CALOR

ÍNDICE

ACERCA DE DAN JONES

Es uno de los creadores de cócteles más prolífico del mundo, escritor y editor. Vive en Londres y ha colaborado con diversidad de revistas, desde *i-D* hasta *Time Out*. Se define como una persona hogareña y conoce bien el arte de preparar bebidas en casa, donde le encanta recibir a los amigos y donde constantemente «investiga» técnicas de coctelería y prueba nuevas recetas. Su combinado preferido es el Dirty Martini, muy, muy *dirty*.